認知症700万人時代

――ともに生きる社会へ

鈴木雅人　松村和彦

かもがわ出版

プロローグ

超高齢社会が到来し、２０２５年には認知症の人が７００万人を超えると予測されている。65歳以上の５人に１人。自分も身近な人も認知症になりうる時代に、私たちはどう向き合えばいいのだろうか。

社会には、まだまだ認知症を受け入れにくい状況がある。「認知症だけにはなりたくない」「なったら恥ずかしい」と考える人も多い。無知や無関心だけにとどまらず、認知症と知られて友人に遠のかれたり、地域のグループから拒否されたりといった差別も実際にある。しかし、認知症の人の中には、発症して「人生は終わった」と絶望しても、家族や地域の理解に後押しされ、再び自力で外出し、仲間をつくる例も実は少なくない。

認知症と診断されても、いままで歩んできた道が否定されるわけではない。それぞれに生きがいがあり、これからへの希望がある。道は続く。

初めに、取材で出会った認知症の５人を紹介したい。その声にまず耳を傾けてほしい。

鈴木貴美江《すずききみえ》さん、80歳。

地域の住民と認知症の人が月1回、京都市左京区の病院研修施設を借りて楽しいひとときを過ごす「にこにこ・オレンジカフェ・いわくら」で、コーヒーを注いだり、カップを洗ったりするなどの水回りを担当している。「私に声を掛けていただいたことがうれしくて」と笑顔を見せながら、ほぼ立ちっぱなしで約3時間、仕事をこなす。

10年ほど前に認知症の症状が出た。積極的に外出していなかったこともあり、デイサービスを拒否した。5年前、かかりつけの精神科医から「閉じこもっていたらもったいない、ぜひお手伝いを」とカフェ運営の仕事を勧められ、世話好きな性格がくすぐられた。ひいた豆から入れるドリップコーヒーを任され、意気に感じた。

カフェには自宅から一人でバスを乗り換えて行く。発症前は一人でバスに乗ったことはなかった。通院なども一人で行く。長女の佑三古《ゆみこ》さん（55歳）が同行して乗り換えを確かめ、分かりやすいルートを見つける。「迷いながら、迷いながら覚えるんです。慣れやね。もし地下鉄の出口を間違えたら、反対側に戻ればいい」

できることを一つずつ積み重ね、自信が付いた。体操教室にも再び通い始め、ボランティア指導員の資格も取った。

「80歳になって初めてスクワットや四股をやった。難しいけども、何でも勉強になりますね」

今の目標は自転車に乗ること。実現すれば50年ぶり。群馬県に住む姉が乗っていると聞き、負け

カフェの洗い物を終えた鈴木貴美江さん（左）。帰宅後は長女佑三古さん（右）に、その日がどれだけ楽しかったかを事細かに話す＝京都市左京区

ず嫌いに火が付いた。「転倒したらかなわんから」という佑三古さんの説得は聞き入れられそうもない。

伊藤俊彦《いとうとしひこ》さん、76歳。

北海道教育大釧路校で地学を教え、教授となり、定年退官した。長女の住む京都府宇治市へ転居して間もない2012年に認知症の診断を受けた。それからは、もし物忘れが進んでも可能な限り自分の力で対応できるよう、「備え」を心掛けている。

鍵などの自宅で使う物は常に同じ場所に保管するなどして行動パターンを一定にする。トイレの中でパニックになる可能性もあるので、鍵は掛けない。通帳は妻の元子さん（74歳）に預けた。通っている教会など、必要と思うところに自らが認知症であることを伝えることも「備え」の一つだという。

「余計な手助けは無用」と言い切る。「できないことと格闘することになっても、私は自分の力でやれることはやりたい」と考えるからだ。

「風邪だって鼻水だったり、せきだったりする。認知症も症状や思いは一様でなく、人によって違うでしょう」

「かわいそう」と同情しながらも、レッテル貼りしてその人を覆い隠す。それは、その人の全人格を否定することだ。目を合わせて話を聞き、何を望んでいるのか、その人をしっかりと見てほしい。人と人との関わりという、当たり前の接し方をしてほしいとの思いがある。

2018年10月から市内にある京都認知症総合センターで、診断を受けて間もない人や家族の相談に乗る「ノックノックれもん」を元子さんと一緒に始めた。「認知症の本人が窓口になる場が必要だ」と、センターなどに働き掛けて実現した。月2回、コーヒーなどを飲み、和やかな雰囲気で語り合う。

自らの経験も話す。自分も診断直後は「訳が分からなくなることが恐ろしい」と不安を募らせたが、「落ち込んだってしょうがない」と踏ん切り、備えに取り組んだ——と。

「診断を受けた人が安心を得られるように、今の自分の姿を見てほしい」


河原紀代子《かわはらきよこ》さん、80歳。

「さっき買った物は忘れてしまうけど、口は元気だから」。話し出したら止まらない。「年を取ったら、頭がぴんぴんしているより、忘れるくらいがかわいいと思わへん?」

認知症の前段階とされる軽度認知障害(MCI)の診断を受けている。3月中旬のある日、買い物に行き、夫政昭さん(83歳)の好きな焼きそばを二つの商業施設でそれぞれ買ってしまった。「だぶっちゃった」。2人で当日夜と翌日に食べた。物忘れをささいなことと笑い飛ばす。

子育てが一段落した40代から、視覚障害者向けの点訳と高齢者施設での朗読ボランティアを本格的に始めた。豪快でいて、気配り上手。その人柄が慕われ、京都府宮津市ボランティア連絡協議会

ドライブの途中に海岸沿いの広場に立ち寄り、笑顔を見せる
河原紀代子さん夫妻=京都府宮津市・奈具海岸

の会長も務めた。

認知症を隠そうとする人が多いことを残念に思っている。「認知症かもしれない」と聞いた住民の自宅を訪ね、紀代子さんが通う勉強会や趣味に誘おうとしたが、拒絶されたこともある。「認知症やもん、って自分をオープンにできれば、面白く生きられるはずなのに」

買い物で失敗することもあるが、炊事を自分で続けることにこだわり、それが自信の一つになっている。

いま何よりの楽しみは、政昭さんの運転で出掛けるドライブ。京丹後市の経ケ岬灯台など丹後半島沿いを半日掛けて回ったりしている。

「この人と行っても面白くないわ」と軽口をたたきながら、車の助手席に乗り込む。海を見下ろす絶景に気をよくしたのか、写真撮影を勧めたら、ためらいなく政昭さんの腕に手を絡ませた。

「こんなん、一度もしたことないのに」。照れくさそうに笑みをこぼした。


杉野《すぎの》文篤《ふみあつ》さん、66歳。


地域の住民と認知症の人が一緒に楽しむ卓球クラブを、2016年に京都市伏見区で立ち上げた。年上のメンバーから上手に打ち返され、悔しがりながらも「年齢と運動神経は一致しないもんですね」と笑顔を見せた。

種智院大（伏見区）の事務長だった2013年に認知症と診断された。受診先の医師は、自らの症状を説明していた杉野さんを遮り、妻由美子さん（64歳）に質問した。会話すら、させてもらえない。屈辱だった。「1人の人間として見てもらって生きたい。そんな環境をつくりたい」と考え、卓球クラブをつくった。

区内の高齢者福祉総合施設の一角で月3回開き、10人前後が約2時間、汗を流す。その後は近くの行きつけの喫茶店に行き、その日のプレーや日常のことをわいわいと語り合う。

なじみの店でないと失敗してしまうのではないかと不安で、緊張する。この喫茶店は店主の理解を得て、安心して心地よい時間を過ごせる。クラブ名「いちじくの会」は店名から名付けた。

「一緒にコーヒーを飲み、ガス抜きして。さあ、またあしたと思える。僕に必要な場所なんです」と杉野さん。「仲間に救われている。生きる力になっている」

ここ数年、正常圧水頭症を患うなど体調を崩すことが増えた。症状が進み、会話や歩行に影響が出始めた。それでも可能な限り由美子さんと講演の場に出向き、それぞれがそれぞれの言葉で思いを語る。

「排除でなく、受け入れる社会に」。人としてつながっていくことで、新たなつながりが広がる。地域の住民が卓球クラブの存在を知り、「仲間にしてあげて」と認知症の男性と介護している妻を連れてきた。一歩一歩、進んでいる。

海老澤三千世《えびさわみちよ》さん、63歳。

2020年1月中旬、自身が作詞した歌を収めたCDの制作を記念するライブを宇治市内の喫茶店で開いた。「Ｍｉｃｈｉｙｏ＆オイワ」として20年近く一緒に音楽活動をする岩井雅実さん（62歳）＝京都府城陽市＝のギター伴奏に、伸びのある声を乗せた。約50人を前に、「私の子ども」と紹介するほど愛着のあるオリジナル曲をはじめ13曲を歌った。

2015年に軽度認知障害（ＭＣＩ）と診断された。新しい仕事に就いたが覚えられず、3週間で辞めた。与えられた仕事をこなせず、周囲に謝ってばかりの状況に「悩んでいた」という。翌年、ＮＰＯ法人の運営する地域カフェに出演を誘われたことがきっかけに、「Ｍｉｃｈｉｙｏ＆オイワ」の活動を再開した。歌い始めて、「私にとっては歌が一番大切なこと」と気付いた。

ＭＣＩであることを公表し、認知症関連の行事に招かれることが増えた。客席はいつも満員、有名な歌謡曲をカバー曲にして歌ったら自然と合唱になる。2人の歌とギターが、多くの人に届き、響いていく。「いろいろな場で歌えて、今はすごく幸せ」

これからの社会の在り方を産学官民で考える「宇治市認知症アクションアライアンス　れもねいど」の会合にも出席するようになった。当初は、忘れる自覚があるため「この人、前に会った人かな？」と不安になり、探りながら話すことがつらく、ほとんど無言だった。やりとりを重ねるうちに話すことも増え、ありのままでいいと安心できるようになった。

ステージも会合も「今は行くのが楽しい。すごく救われている」。居場所があることがうれしい。

＊　＊　＊

この5人の姿に接すると、認知症に対する暗いだけのイメージは一変する。実は、新聞紙上で認知症の本人や家族の前向きな姿を多く取り上げた私たち自身もそうだった。連載をスタートさせる前、認知症をどのようにとらえるかを悩んだ。本人と家族の苦しさ、つらさを伝えることに比重を置き、なった時への備えや、社会に求められる支えを考えてもらうやり方もあった。

しかし、多くの認知症の人から実際に話をうかがう中で、それはもう今の時代にそぐわないと気付かされた。苦しさやつらさを乗り越えた上で、誰もが安心して暮らせる社会を実現しようと、多くの認知症の人は明るくその先を見据えていた。

ある支援者の言葉が強く印象に残る。「私たちは認知症の人の言葉を軸にしないと、支援のあり方を間違えることがある。よかれと思っても、本人を傷付けていないだろうか」と。

イメージや思い込みでなく、経験したからこその思いや願いと丁寧に向き合い、私が認知症になっても早めに一歩を踏み出せるような社会を、まだなっていない人とともに考える。本著がそんな「認知症とともに生きる社会」への一助になればと願っている。

鈴木 雅人

認知症７００万人時代――ともに生きる社会へ●目次

＊本書は、京都新聞で2020年から2023年まで連載した「700万人時代　認知症とともに生きる」を再構成しました。
本文中、年齢や肩書などはすべて取材当時のものです。
ドキュメンタリー写真のほか、認知症の人の症状や心情などを再現した写真を収録しています。

装　丁　小島トシノブ
DTP　佐久間文雄

Photo Story

心の糸

　認知症は大切な人とつながった心の糸を断ち切る。別れた糸に何ができるのか。京都市左京区の谷口君子さんが1989年に認知症と分かってから、2013年に天寿を全うするまで。夫の政春さんとホームヘルパーたちが紡いだ日々を、政春さんの言葉とともにたどる。

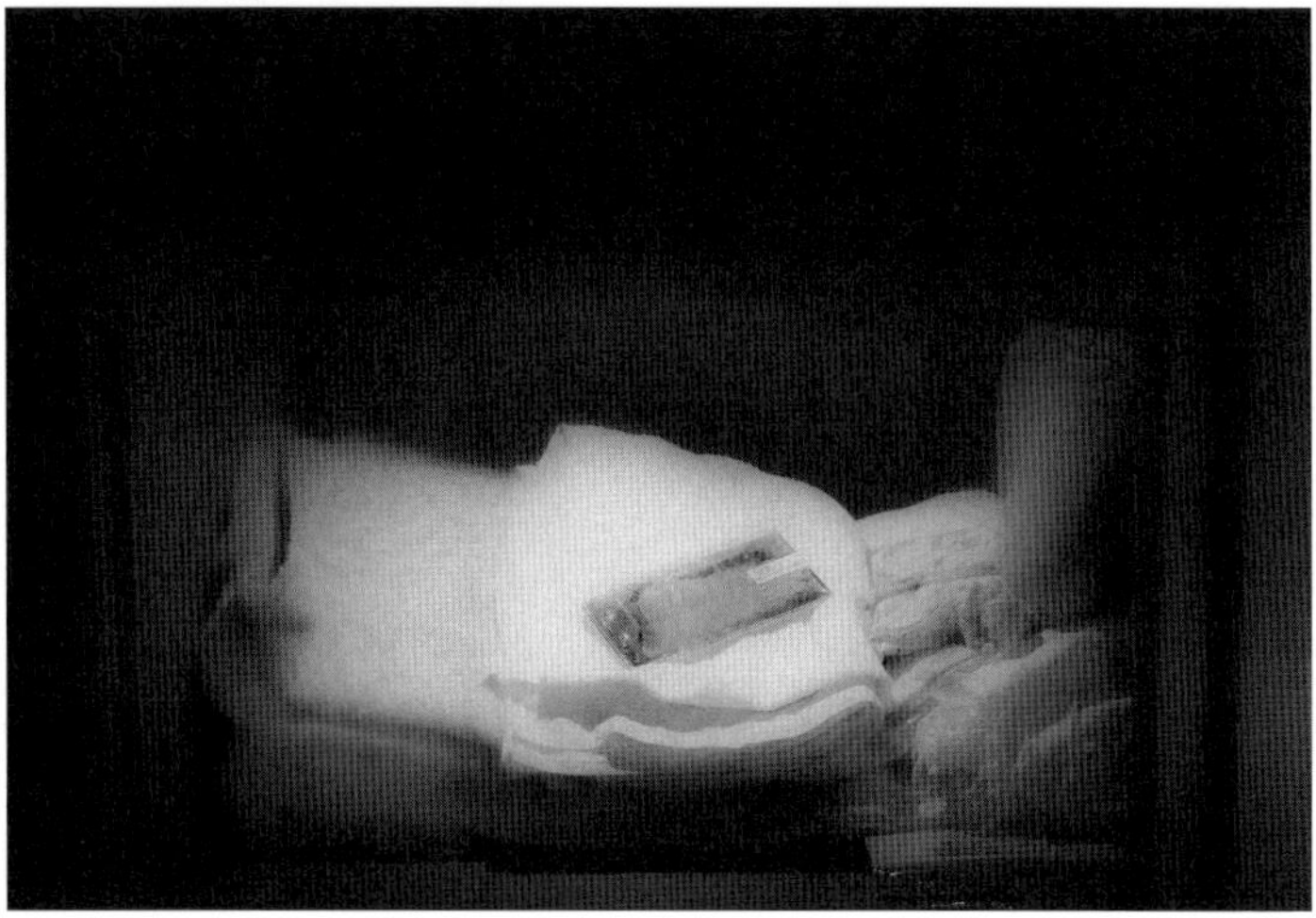

1989年

鯛の刺身が冷蔵庫だけではなく押入れにも入っていました。買ったことを忘れて何回も買いに出かけたのでしょう。晩酌する私のためです。妻の心遣いですので、怒りようがありませんでした。

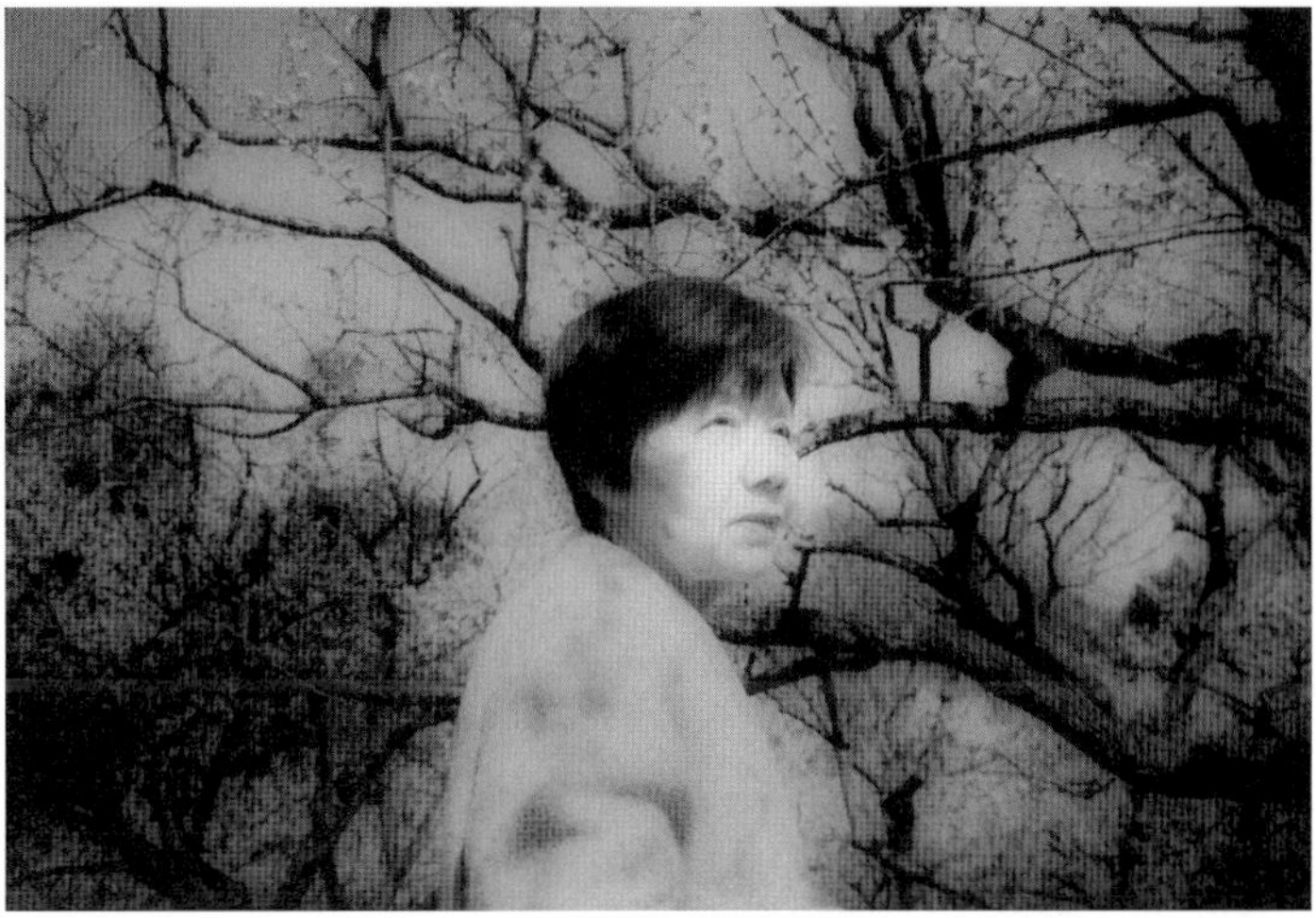

1992年
「死にたい、死にたい」。窓辺に座り、塞ぎ込むようになりました。週5日、私は仕事に出かけていました。その間妻は一人で暮らしていましたので、寂しかったに違いありません。

1993年

「見守り」でホームヘルパーをお願いしました。天使のようなヘルパーさんはできることを一緒にやって喜びを見つけてくれました。悲観的から楽観的へ、介護観が一変しました。歌、折り紙、編み物、一緒に行動すると情緒は安定し、認知症の進行もゆっくりに感じました。

娘が手助けすれば、ミシンも使えました。妻の実家は洋裁店。ミシンは嫁入り道具です。ずっと家族の服を作っていました。洋裁をする妻は生き生きして、「病気が治ったのでは」と錯覚する瞬間でした。

1996年

私は家事に四苦八苦でした。一方、妻は様々な行為で私の気を引こうとします。野菜を刻んでいる時に泥のついたサンダルをまな板の上に載せました。私は食べられなくなった料理を床に投げつけ、結果は空しく終わります。妻が家にいづらくなって外に出て行きます。「寂しい、寂しい。帰ろう、帰ろう」。孤独感を与えたときやできない行動を強制されたときにも見られました。

1997年元日
呼びかけても何も応えてくれません。
私との心の糸が切れた日でした。
しばらくして私を「お父さん」と呼びます。
配偶者としての夫でなくなりました。

父親を演じることで心の糸を結び直しました。

2002年

初夢で妻と一緒に桜の花を見ました。「桜を見せたい」。娘やヘルパーさんに相談したら喜んで賛成してくれました。3月31日日曜日。桜は満開です。何年ぶりの花見でしょう。その日を境に妻は笑顔が見られ、言葉数が増えました。植物園や公園を散策できるようになり、妻とともに生きる悦びを感じています。

2005年

朝、覚醒してくれません。食事が欠食になる日が繰り返されました。寝ている時間と覚醒している時間を調べると、驚きました。眠りに入る時間が少しづつずれていました。起きている時間に必要な支えをする挑戦を始めました。早朝、夜間の介護サービスはありませんでした。ヘルパーの確保が難しいのが理由のようです。ヘルパーさんの賃金は安すぎます。社会的な問題です。私の思いに共感してくださったヘルパーさんが事業所を始め、早朝のサービスを始めてくれました。介護サービスの不備に怒り、事業所を立ち上げた人にも巡り会えました。

2008年

私達の旅は、失敗、ピンチの繰り返しでした。ピンチはチャンス、失敗は新たなケアの発見につながります。20年間の介護体験から学びました。天使のようなヘルパーさんと出会い、失敗、ピンチを乗り越え、楽しく、明るく、生き生きと暮らしてきました。

2013年

君子は天寿を全うしました。88歳。多くの人々の深い愛の支えに恵まれました。感謝、感謝の気持ちでいっぱいです。

第1章

病ではない

記憶薄れても心は響き合う――◇

医師の谷口政春さん（95歳）＝京都市左京区＝が往診を終えて帰宅すると、妻の君子さんから一緒に演歌を歌うよう求められた。夕食前の日課。２人の表情が和らいだ。

君子さんは１９８９年、64歳の時に認知症と診断された。政春さんは「妻と離れたくない」と仕事を続けながら在宅で介護したが、うまくいかなかった。君子さんは周囲とかみ合わない不安を募らせ、不安定になった。縁側に座り込み、「死にたい」と繰り返すようになった。介護に行き詰まり、京都福祉サービス協会のヘルパーを依頼した。君子さんが演歌が好きなことに気付いたヘルパーは、夫婦一緒に歌う時間を提案した。

君子さんは新しい演歌も覚えた。楽しんでいる姿を間近に見て、政春さんが認知症に対して持っていた暗いイメージが一変した。高齢者医療が専門の老年内科医だったが、「認知症は、なった後は悪化する一方」と思い込んでいた。文献を読み、君子さんは「余命４年半」と覚悟もした。

そんなとき、人の感性に働き掛け、笑顔を大切にする介護に出合った。症状の進行に伴う困難も乗り越え、君子さんは２０１３年に88歳で亡くなるまでの24年間、在宅で穏やかに過ごした。

楽しい気持ちは失われることなく、積み重なっていく。政春さんは「記憶は奪われても、個性や感性、心は生きている」と気付いた。

政春さんは10年前、自らも認知症になった。心は触れ合うことを実証しようと、5年前からヘルパーらと毎月、自宅で「認知症カフェ　いきいき」を始めた。

年明けのカフェ。常連だった93歳の女性が年末に亡くなったことを女性の長女が伝えた。女性はカフェで童謡を歌うことが好きだった。「認知症で行き先が少なくなった母にとって、皆さんと過ごす時間がとても大事だった」。半年前から体調を崩してカフェに行けなかったが、ヘルパーらが電子オルガンを持って家を訪問するとベッドの上で喜んだ。食事が取れなくなり、声を出すことも難しくなったが、亡くなる2日前に童謡「たきび」の一節を口ずさみ、長女を驚かせた。心が響き合った。

政春さんは、発症でできなくなったことを数えて悲観するより、できることに目を向けることが大切だと考えている。君子さんは演歌、カフェ常連の女性は童謡。政春さんは介護でやめていた囲碁を再開した。碁会所で週1回、たっぷり4時間打つ。毎月の戦績をパソコンに記録して励みにしている。記憶が薄れていく焦りから「救われた」という。

「発症したら何も分からなくなる、人生はおしまい」ではない。政春さんは各地の演壇で否定を続けているが、話す内容を覚えていられなくなった。少し前に左京区でした講演が最後になりそうだという。「変えようと一生懸命頑張ってきたが、まだ100分の1しか到達できていない」

政春さんは問い掛ける。「認知症になっても楽しく明るく、生き生きと暮らせる可能性はある。そんな日本になっていますか」

多少の物忘れ あったっていい ──◇

10年ほど前、介護福祉士の増本敬子さん（63歳）＝左京区＝は、母が暮らす実家を訪れた。冷蔵庫に大量の変色したマグロの刺し身。認知症を疑ったが、「自分の母親は、ならない」と自分に言い聞かせた。

母はしっかり者だった。増本さんが入院すると聞けば、着替えなど一式をまとめ、すぐに駆け付けてくれた。記憶の母と、目の前の母。落差に感情が追い付かない。増本さんと母が認知症と向き合った時には、さらに症状が進行していた。母は週3回も「通帳がなくなった」と銀行や警察に駆け込むようになっていた。

「周りの温かい言葉は本人の不安を和らげる『薬』になる」。認知症と診断されたとしても、本人が早い段階で落ち着き、認知症と向き合う気持ちが持てれば、症状に対応した日常の備えができ、医師の適切な指導も受けられる。ただ最も近くにいる家族は簡単でない。増本さんも、いまは亡き母で痛感した。

しかし、地域の人たちの言葉に救われた。増本さんが見守りの協力を頼んだ近所の人は、銀行に向かおうとする母を見ると、声を掛けてくれた。「もうじき家族が帰ってくるよ」。母は落ち着きを取り戻し、家に戻った。母は発症して亡くなるまでの8年間、自宅で穏やかに過ごした。

増本さんは、自らが学んだことを確認して伝えようと、精神科医とグループ「おれんじ畑」をつくった。２０１６年から認知症の人との接し方を教える市民講座を開き、気持ちに寄り添う想像力と、自尊心を傷つけない言葉の大切さを訴えている。

グループが京都市山科区の特別養護老人ホームで入所者の協力を得て行った実地研修。認知症の70代の女性が菓子の包み紙をテーブルの花瓶の下に隠すようにした。増本さんは「大事なものかしら。お預かりしてもいいですか」と話し掛ける。女性のほほ笑みを確かめて、包み紙を手に取った。気持ちに寄り添う想像力。女性は、菓子をもらった経緯を忘れて「勝手にたくさん食べてしまった」と思い込み、しかられることが怖くて隠そうとしたのではないか。女性を傷つけないよう、「ごみを捨てる」という表現も避けた。

これまで関わってきた家族の中からは「優しい言葉なんて掛けられない」という声もあった。受け入れがたさの裏返し。だが、行動をとがめられ続ければ本人もいらだち、家族との溝が深まっていく。愛情が報われない、そんな相談も多かった。

「認知症にだけはなりたくない」。こんな会話が家庭や地域でされていたら、本人は家庭内で孤立し、家族は認知症を打ち明けることができずに追い込まれる。

「みんな生まれた時から老いていく、誰でもなって当たり前。認知症をこう受け入れることができたら、身近な人の変化にも寛容になれるんじゃないかな」

増本さんへは、予防についての講演依頼が多かった。２０２０年1月下旬、高齢化が進む京都市下京区の市営住宅で、助け合いの仕組みづくりを考える企画で講演した。自治会の代表者は「認知症を自分たちの問題と捉えたい」と会場に呼び掛けた。地域の意識も変わりつつある。

「多少、物忘れがあったって、いいじゃない。こんな考えが1人、また1人と増えていけば、きっと優しい社会になる」

「縁」整えてあるがままに

老年科医師の奈倉道隆さん（85歳）＝京都市伏見区＝は10年前、人の名前や約束を覚えられなくなってきたことに気付いた。当時撮った頭部ＭＲＩの画像には、灰色の脳に黒い隙間がある。「大脳半球に萎縮を認めます。専門医を受診してください」と脳ドック成績表に記されていた。

アルツハイマー型認知症が疑われた。翌春から大学院で指導する予定だった。「断った方がいいのか」。神経内科医で「認知症の人と家族の会」の顧問を務める中村重信さん（81歳）＝京都市上京区＝に相談した。中村さんは奈倉さんの生活に問題がないことを確認し、仕事を続けることを勧めた。

認知症は、病気やけがなどが原因で脳の機能が低下し、日常生活に支障をきたすようになった状態を指す。脳が萎縮していても、生活に問題がなければ認知症ではない。

認知症の手前の「軽度認知障害（ＭＣＩ）」という状態もある。いったんＭＣＩと診断されても、その後、健常に戻る人もいる。

中村さんは「認知症の初期診断は難しい。経過を追うことが重要だ」と指摘する。奈倉さんの場合は「働いた方が、認知症の始まりであったとしても進行を遅らせることができると判断した」。生活の状態や継続を重視する考えに、奈倉さんも共感した。長年にわたって医療と宗教や介護の融合を目指してきた奈倉さんにとって、診断された症状への医学的治療が全てではないとする中村さんの姿勢は、納得できるものだった。

奈倉さんは、仏教とキリスト教を学び、それぞれの教えを心のよりどころとしてきた。認知症が疑われたことにも落胆しなかった。キリスト教の教えから「神様がそのようにつくられた」とあるがままに受け入れ、「認知症と生きていこう」と社会生活を続けた。

もちろん、予定は必ずメモするなど、日常生活の中で困りごとを減らす工夫も重ねた。仏教の教えからは、「因（原因）」よりも、人間関係や環境などの「縁」を整えることに目を向けた。

奈倉さんは介護福祉士の資格も取り、大学で学生たちに教えていた。介護は環境づくりを重視する。奈倉さんはボランティアで訪れるデイサービスでお年寄りが楽しそうにおしゃべりしたり、体操で生き生きと体を動かしたりする様子を見て、介護の力、そして、それぞれの人の能力や尊厳を実感する。

脳の萎縮が見つかり、10年。奈倉さんはきょうも日常生活を送る。忘れやすくなった「原因」よりも大切なことがある。「忘れることに備える環境づくりが一番大事。環境が整えば、幸せに暮らせる」

生きる力に　外出しても大丈夫

「いつもは自力で帰宅できますが、外が暗かったら帰れなくなるかもしれません。でも警察に確保をお願いするのではなく、私たちに連絡をください。迎えに行って、一緒に帰ります」

2020年2月中旬、左京区のスーパー。近所に住む認知症の80代女性は何度も夜に外出して行方不明になっていた。市岩倉地域包括支援センター長の松本恵生さん（50歳）は、女性の写真や症状、行動記録をまとめた資料を見せながら、店員に女性への声掛けと連絡への協力を求めた。

松本さんは家族や施設から話を聞き、認知症の人が行方不明になった道のりや日常の行き先となりそうな店やバス事業所などを訪問している。顔を知り、声掛けがしやすくなるよう、本人と一緒に訪ねることもある。

認知症の人が外出先で迷ったり、トラブルを起こしたりした場合、警察に保護されることがある。繰り返されると、家族は警察に迷惑を掛けたくないと思い、部屋の外側から鍵を掛けてしまうこともある。しかし、松本さんは「声を掛けて見守ることのできる地域なら、外出をあきらめないでいい」と強調する。周りからの一声があれば、不安でパニックになった本人が気持ちを落ち着け、迎えに来た家族と一緒に安全に帰ることができるからだ。

松本さんは、以前は命を守ろうとするあまり、「徘徊《はいかい》を止める」ことばかりにやっきになっていた。２０１２年にはバスや鉄道に乗車中、迷った人を職員が保護する実践的な訓練も始めた。

ところが、ある全国フォーラムで、同じ登壇者だった若年性認知症の男性に言われた。「外出ができないと生きる力がしぼんでしまう」。男性はタブレットのアラームを使って出先で目的地を見失わない工夫を試みるほど、自らの力で外出することにこだわっていた。外出は、生きる力の証明だった。

「必要なのは、周囲の判断で一方的にやめさせる『監視』ではなく、外出したい思いにできる限り応える『見守り』」と松本さん。

主役は周囲ではなく、本人だった。

その後の訓練は、交通機関の職員だけでなく、地域住民にも参加を呼び掛けた。本人の住所や症状が記されたヘルプカードや家族からのメモを手掛かりに、市バスの車内で声掛けをし、行き先や待ち合わせ場所を聞く体験形式にした。

認知症が原因とみられる全国の行方不明者は年間１万７千人（２０１８年）。警察庁が統計を始めた２０１２年の２倍近くまで急増し、多くの自治体や家庭で衛星利用測位システム（ＧＰＳ）を利用した追跡が広がっている。ただ、松本さんは、場所を突き止める道具としてでなく、外出するために活用してほしいと考えている。「ＧＰＳを持ち、どんどん出掛けてと周りが勧めてほしい」

2018年から叡山電鉄のホームを借りて行政などと一緒に「駅カフェ」を始めた。第2回のカフェは認知症の8人が飲食ブースで販売と接客をした。140人が訪れ、ドーナツが予定の3倍も売れるにぎわいぶりだった。

松本さんには、認知症の人の生き生きとした姿に触れ、外で活動することがいかに大切かを知ってもらいたいとの願いがあった。

「迷っているようなら声を掛けようとか、自分にも何かできることはないかという機運が広がってくれたら」

認めて歩み出せば仲間ができる

藤田和子さん（58歳）＝鳥取市＝は、30年来の友人の澤野しのぶさん（61歳）をスーパーで見掛けた。声を掛けようと近寄ると、澤野さんは避けるように遠のいていった。藤田さんは、ため息をついた。

藤田さんは認知症の診断後、周囲や知人に自らが認知症であることを伝えた。地域でそのことが広まり、会話が避けられるようになった、と感じた。

藤田さんと澤野さんは子どものPTA活動で知り合い、親の介護についても相談し合う仲だった。藤田さんが認知症であることを知った澤野さんは戸惑った。重度の認知症だった母を介護した時の印象が強く、どう付き合っていいかが分からなかった。近づく藤田さんに気付いた時、とっさに避けてしまった。

距離を測りかねていた澤野さんだったが、亡者を確認する必要があって藤田さんに電話した。「私に問い合わせてくれてうれしい。認知症だからって、私には聞こうともしない人が多いから」という藤田さんの言葉にはっとした。友人として変わらないのに、藤田さんに「認知症の人」とレッテルを貼り、関わりを避けていた自分に気付いた。

次は藤田さんが澤野さんに連絡した。「一緒にやろう」。地域住民と一緒に認知症について考えるサロンを2017年に始めた。2人は運営について遠慮なく意見を出し合う。支え、支えられる関係ではなく、対等な「パートナー」として歩み始めた。

藤田さんは、活動を通じて知り合った全国の認知症の人たちが2014年に結成した「日本認知症本人ワーキンググループ」（東京都）に参加した。現在は代表理事を務め、「パートナー」と呼ぶ認知症でない仲間と各地で講演などの取り組みを進めている。

「思いや希望を伝えながら、味方になってくれる人たちと一緒に歩む」

ワーキンググループが2018年に発表した「認知症とともに生きる希望宣言」5項目の一節。パートナーになってくれる人たちがいろんな場所で増えれば行動が広がり、家族の負担も軽くなる。「私たちが出会い、生きる力をわき立たせ、元気に暮らしていく」。認知症の人同士で仲間になる

《認知症とともに生きる希望宣言》

1　自分自身がとらわれている常識の殻を破り、前を向いて生きていきます。
2　自分の力を活《い》かして、大切にしたい暮らしを続け、社会の一員として、楽しみながらチャレンジしていきます。
3　私たち本人同士が、出会い、つながり、生きる力をわき立たせ、元気に暮らしていきます。
4　自分の思いや希望を伝えながら、味方になってくれる人たちを、身近なまちで見つけ、一緒に歩んでいきます。
5　認知症とともに生きている体験や工夫を活かし、暮らしやすいわがまちを一緒につくっていきます。

大切さも訴える。

藤田さんは12年前に認知症の診断を受けてから、症状は少しずつ進行している。一緒に出掛けたパートナーから写真を送ってもらっても、どんな場面か分からない。落ち込んでしまうが、そのたびに、仲間が前向きさを取り戻していく姿に励まされてきた。

仲間やパートナーをつくるには、勇気を出して踏み出す一歩が欠かせない。「認知症と診断された人が、認知症を『恥ずかしいこと』『何もできなくなる』と偏見の目で見れば、閉じこもり、自分を苦しめるだけで何の可能性も見いだせない。なったことを受け入れて、生きていきましょうよ。自分から殻を破らなきゃ」

宣言を発表した時は20人だった本人ワーキンググループのメンバーは50人に増え、所属するパートナーも50人に増えた。海を越えた交流も始まった。

宣言の「認知症とともに生きる」の「ともに」という言葉には、本人が認知症とともに歩むことを受け入れる、まだなっていない人とともにどのような社会であってほしいかを考える、という二つの意味が込められている。藤田さんは仲間やパートナーを信じて断言する。「認知症になっても大丈夫な社会づくりは絶対にできる。自信を持って言える」

つながり、共感、道見えた

藤田さんが地元の鳥取市で隔月開催している「本人ミーティング」を訪ねた。

鳥取市役所の1室。認知症の人たち9人が輪になって座る。松本豊子さん（68歳）が「私の人生は終わったわ、と思ったこともあったが、この場で話すことで元気をもらえている」と話し始めた。「認知症になったからこそ進むべき道が、見えてきた」。２０１１年に認知症の診断を受け、自宅に5年間、閉じこもった。認知症の人たちと接するようになり、自分の中での受け止めが少しずつ変わってきた。病院の看護師長まで務め、心身にさまざまな痛みを抱える人たちに寄り添った経験は、つらさと喜びを共有することに生かせる。最近ようやくそう思えるようになった。

思いを受け止めて共感してくれる人がこの場にいるから、率直に話せる。松本さんは一緒に悩み、支えてくれた長女（37歳）への感謝を話していたとき、こらえきれずに涙ぐんだ。隣の藤田さんが「そうよね」と相づちを打つ。ほかの人たちも松本さんの次の言葉を静かに待つ。

本人ミーティングの場は、笑顔があふれていた。認知症の診断後も職場の理解を得て仕事を続け、近く定年退職を迎える男性は「自分の世界は縮まっていない、むしろ新しい出会いの機会を与えられて広がった。決して不幸じゃない」。別の参加者は「(部屋にこもって)テレビに突っ込みを入れている毎日じゃあ、しょうがないからね」とおどけ、皆を笑わせた。

認知症と告げられても、認知症の人同士でつながり、前向きさを取り戻してほしい。藤田さんは友人の澤野さんと一緒に、認知症になっても暮らしやすい地域をテーマにした住民向けサロンを3年前から開いている。認知症の診断を受けた人や疑いのある人からの相談に認知症の人が応じる「おれんじドア」も市内で始まった。裾野が広がってきた。

本人ミーティングで藤田さんが「私たちの力を出そう。やってみませんか」と切り出した。市が発行予定の認知症の冊子。どんな情報を盛り込むか1年かけて話し合おうと提案した。「この冊子に出合えて、ちょっと元気になった、と思ってもらえるものをね。みんなの写真を載せるのもいいかも」。全員がうなずき、拍手で賛成した。

意志持ち訴えてこそ社会に響く――◇

2004年10月、京都市で国際アルツハイマー病協会(ADI)の国際会議(京都会議)が開かれた。当時は「痴呆症《ちほう》」と呼ばれていた認知症の越智俊二さん(故人)=福岡市=が登壇した。「自分が自分でなくなる不安はいつもある。でも、物忘れ以外は何ともない。安心して暮らせるよう、手を貸してください」。静まりかえった会場に向けて、言葉を絞り出すように話し掛けた。

越智さんの講演は「認知症の人と家族の会」（上京区）の働き掛けで実現した。認知症であっても、それぞれに人格や感情があり、心の内を語ることができることを示そうとしたという。当時の日本は認知症を隠すことが当たり前で、本人が実名で語るのは異例だった。そしてそれは単なる告白ではなく、自らの決意と、社会が進むべき方向をアピールするものだった。

認知症は、長年にわたって重度の外見的な症状だけが強調され、「認知症の人は何も分からない」という先入観も根強かった。1972年に故・有吉佐和子氏が発表した長編小説『恍惚《こうこつ》の人』（新潮社）の影響も大きい。「呆《ぼ》けた」しゅうとの心情は一切描写がなく、介護する主人公の女性から見た症状の印象だけが広まった。

1990年代になっても、当時「最先端ケア」をうたった介護施設は、夜に寝てもらうためという理由で、日中に入所者をロの字状の廊下をひたすら歩かせていた。施設でベッドに縛り付けるなどの身体拘束も、2000年の介護保険導入の直前にようやく原則禁止された。

京都会議が一つの転機となり、周囲や社会が受ける損失の軽減ではなく、本人が望むことの実現に目が向けられ始めた。そんな社会こそ、誰もが生き生きと暮らせる社会との認識が広がった。

会議の2カ月後、厚生労働省の検討会は、「痴呆」の呼び方は語源から「ばか」「あほう」の意味合いがあり侮辱的だとして、新たに「認知症」を採用すると発表した。検討会の報告書には、本人たちが自ら体験や気持ちを語り始めたこともつづられた。

「私たち抜きでは何も始まらない」。京都会議でオーストラリア人女性は、認知症の人のことを決めるときには本人が主役になろうと呼び掛けた。会議から15年余、各地で「私たちが決める」取り組みが始まっている。

プロローグで紹介した宇治市の伊藤俊彦さん(76歳)は同市の会合で、認知症になっても暮らしやすい社会づくりに向け、本人への就労支援や子どもたちへの教育の必要性を訴えた。人手不足に悩む茶園の摘み手として働いたり、小学校の出前授業の講師になったりと実践が広がった。

伊藤さんは強調する。「認知症の人が集まるだけで力になるわけではない。それぞれが持っている力を出し、意志を持って訴えるからこそ社会に響く」

京都会議で越智さんはたった一人で演壇に立ったが、多くの人たちが勇気付けられ、自らの言葉で気持ちを語り、行動を始めた。

しかし、いまだに「何も分からなくなる。認知症だけにはなりたくない」との考えが主流ではないだろうか。

この15年余は何だったのか。私たちは認知症の人たちや家族らの声を聞いていただろうか。その取り組みを見ていただろうか。いま問われているのは、私たちだ。

自助の空白　軽度の時期からケア必要

藤本クリニック理事長　藤本直規さん

介護保険制度は、サービスを受ける人を主役に変えた。それまでは行政の「措置制度」で、利用に許可が必要な上、ハードルが高く、頻繁に使える仕組みではなかった。現在は、制度上はサービス内容も回数も自己決定できる。デイサービスやショートステイなどサービス提供事業者も充実した。

しかし、判定の仕組みが身体の障害を基準にした「脳卒中モデル」でつくられたため、体は動くものの生活には支障がある認知症の支援ニーズと合わないという声が当初からあった。サービスを受けるための要介護度認定で、軽度の認知症の人は実態よりも軽く判定される傾向があるとの指摘がある。判定に必要な意見書を書く医師が十分にニーズをくみ取れていないことも一因だろう。

認知症になると、今までできていたことが徐々にできなくなる。生活に支障が出るようになり、本人は自信も失っていく。診断を受けてから本格的な介護が必要とされるまでの間は「空白の期間」と呼ばれているが、自分で何かしようとする気が起こらず、自宅に閉じこもったりして、その期間が長引くほど症状は悪化していく。

しかし、「症状はあっても暮らせているなら問題ない」という見方がいまだにある。軽度の認知症の人を支援する必要性が十分に認識されていない。

「できることがある」と達成感を得てもらう働き掛けが本人を支える。介護保険制度導入を機に始まったグループホームは、集団生活をしながら調理などを共同作業し、できない部分をみんなでカバーするという、画期的な理念だった。「空白の期間」を埋めるよう、診断後も継続して、もしくは症状が軽度の時期からケアが関わることが求められる。

私たち医療職、介護職にも課題がある。

勤務先の滋賀県立成人病センター（守山市、現滋賀県立総合病院）で認知症専門「もの忘れ外来」を開設した1990年当時は、認知症の人にとって医療は遠い存在だった。医師が受診を断る、診断を下して終わる、ということが当たり前だった。

それが介護保険導入をきっかけに変わった。要介護度の判定にあたり医師が意見書を書く必要に迫られ、無関心でいられなくなった。認知症の人が700万人に達する時代が迫り、日常の診療はかかりつけ医を中心とする国の誘導策もあって、専門医以外でも認知症について学ぶ医師が増えてきた。

ただ、認知症においては、医療以上にケアが本人とその生活を支える。医療・介護に関わるさまざまな職種の人の連携が欠かせない。在宅か、施設か。これ一つをとっても立場によって意見がぶつかることがある。十分に話し合い、ケアの基本である「症状でなく人を見る」視点で対応を積み重ねることが大切だ。

私のクリニックの認知症専門デイサービスで、軽度の参加者たちが主体的に話し合ってプログラムを考えたり、袋詰めなどの内職を請け負い、仕事を辞めざるを得なかった人の就労意欲に応える試みを続けている。仲間とともに作業することで、できなくなったことが助けを借りてできるようになったり、「できなくてもいい。自分だけじゃない、仲間がいるんだから」と思ってもらえたりする。本人が認知症と向き合えるように働き掛けている。

同じように早い時期から支える取り組みとして、主に軽度の人と家族、住民が交流する「認知症カフェ」が増えている。運営主体や集まりの趣旨はさまざまだが、検証して軽度の人への効果が見込めるのであれば、介護保険制度を通じて積極的に拡大していく考え方があってもいいのではないか。

《要介護認定》介護サービスを受けるときに必要となる認定。全国一律の基準に基づき、心身の状況から介護の必要度を要支援1～2と要介護1～5までの計7段階に分ける。判定は1次と2次に分けて行われる。まず市町村から委託を受けたケアマネジャーらによる調査結果と主治医の意見書からコンピューターで推計（1次）、その結果を保健、医療、福祉分野の学識者らでつくる介護認定審査会が検討して判定（2次）し、市町村が決定する。

ふじもと・なおき　1952年、岡山県生まれ。京都大医学部卒。1990年に滋賀県立成人病センターで全国初の「もの忘れ外来」を開設。現在は守山市でクリニックを経営し、認知症が疑われる人の診断から治療、県委託の「相談センター」窓口など、ワンストップで応じる認知症疾患医療センター（連携型）を併設している。

Photo Story

ともに歩く

2013年8月15日の未明、京都府長岡京市の森重夫さんは家を出て、行方不明になった。翌春、竹やぶで白骨化した遺体で見つかった。62歳だった。

81 12 25

重夫さんは症状を自覚し、診療所に相談していた。だが、専門医の診断は得ておらず、福祉ともつながっていなかった。

診断までの「空白期間」は、福祉の現場で課題として捉えられている。過度な恐れや不安が原因になっている可能性がある。

認知症の人の外出を「徘徊」と呼ぶのは、恐れや不安を助長するレッテルの一つだ。「徘徊」には「目的なく」というニュアンスが含まれ、適切ではない。歩く理由がちゃんとある。

遺体が見つかった竹やぶは、重夫さんと妻の糸子さんが結婚後に生活を始めた小さなアパートの近くだった。認知症は最近の記憶がなくなり、過去に戻ることがある。糸子さんは、重夫さんが家に帰ろうとしたと思っている。2人が最初に暮らした家に。

レッテルが不幸を招き、不幸がレッテルにつながる悪循環は断ち切らねばならない。

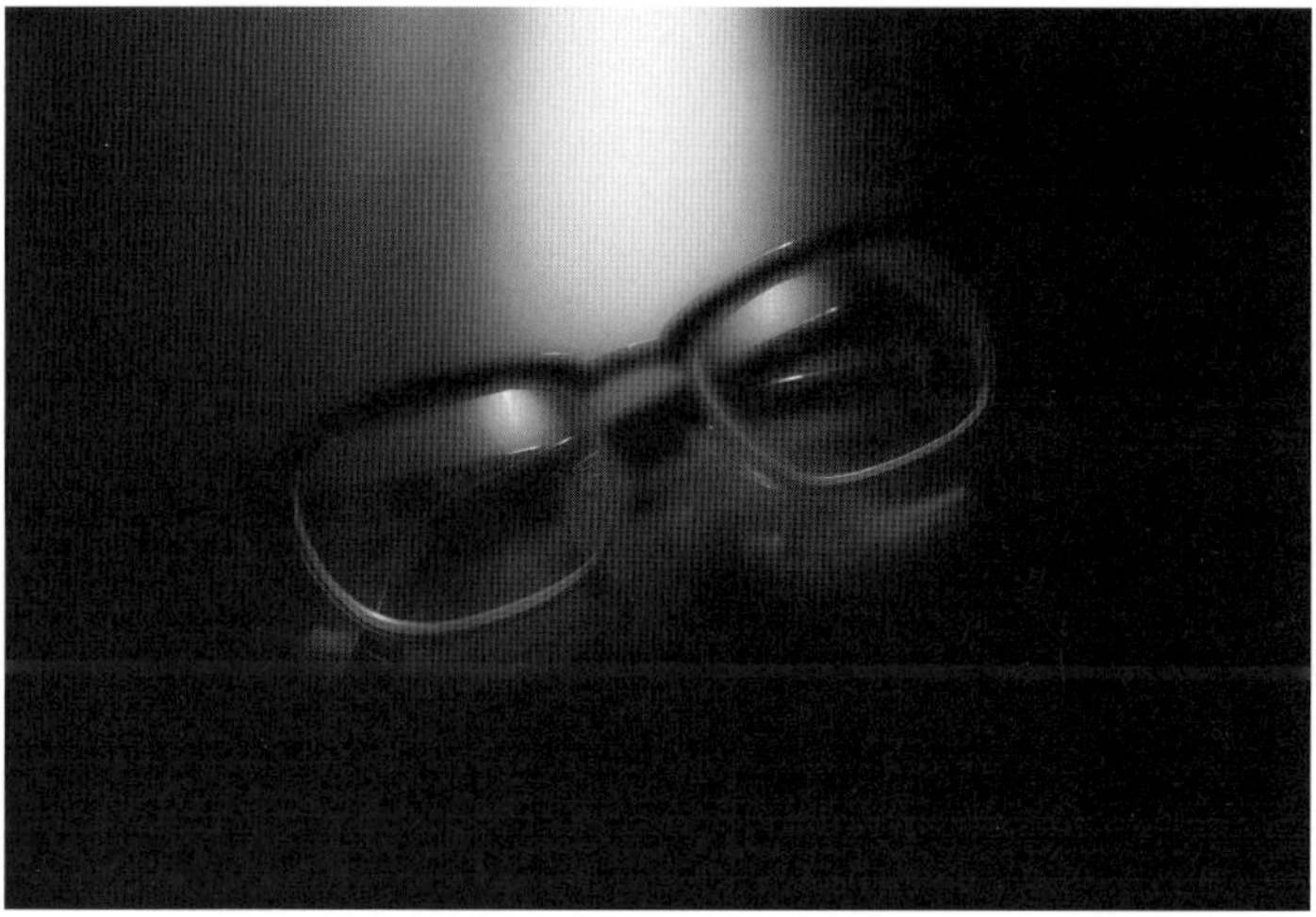

糸子さんは重夫さんが亡くなった後も、捜し続けた。
遺体のそばになかった眼鏡を見つけたかった。
最後に歩いた道を知りたかった。
一番は重夫さんを感じられる場所に立ちたかった。
だが、そんな場所はなかった。

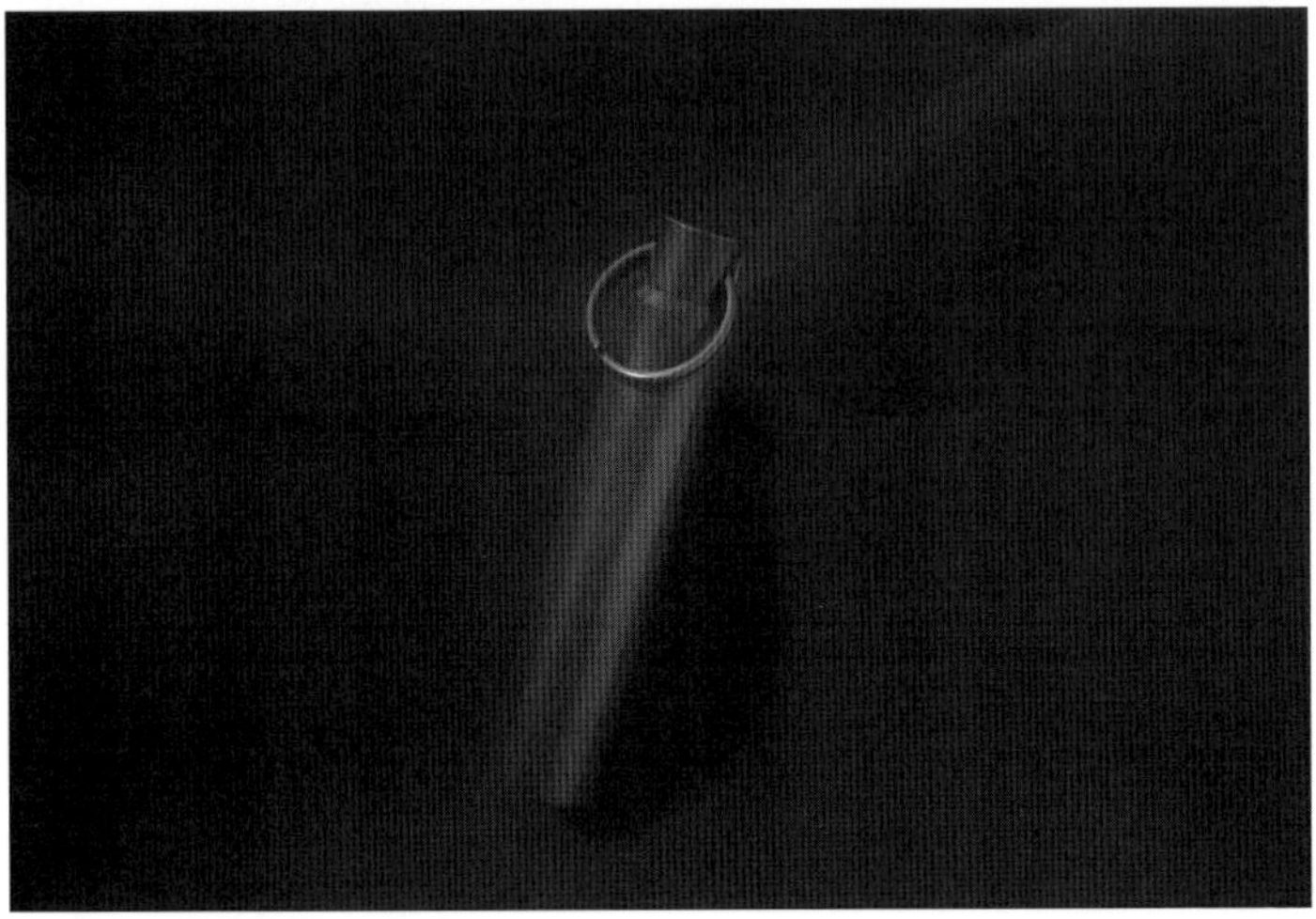

亡くなってから1年が経ち、
糸子さんは重夫さんが一番好きだった海に散骨した。
喜んでもらえると思った。そして、もういないと感じた。
よく散歩に行っていた場所にもまいた。
ほんの少しだけ小さな木の筒に入れて持ち歩いている。

糸子さんは今もよく散歩に行く。重夫さんは自分が見つけた綺麗な場所で「いいところだろう」と嬉しそうに自慢した。かけがえのない人だった。

糸子さんは認知症カフェを運営する市民団体に加わることにした。認知症への理解が広まり、行方不明で命を落とす人がなくなることを願っている。認知症の人の外出は、地域の見守りがあれば散歩になる。糸子さんは重夫さんが遺した課題に向き合っている。

「不思議ですが、姿はなくてもともにいると感じます。私の中に重夫がいるんだ、絶対にいるんだと思っています」

ガーデニング、山登り、卓球などの趣味に加え、犬や猫などペットのイラストも。氏名の隣にさまざまな情報が書き加えられた長岡京市高台西の「ご近所さんマップ」。遠回りに見えるが、まずはお互いを知ることが、共助の第一歩と考えて作られた。

地図を作るまでのきっかけには、森重夫さんを始め、市内の認知症の人が相次いで行方不明になり、亡くなったことがある。「なんとかしなければ」。重夫さんの妻の糸子さん(71歳)から相談を受けていた医師の野々下靖子さん（85歳）が住民たちと2015年、市民団体「西山コミュニティ研究会みまもるONE」を立ち上げ、現在は地図作りに力を入れている。

高台西は新興住宅街。住民たちはお互いにあまり干渉せず暮らしてきた。理事の上岸敏則さん（69歳）の父親も認知症で、一人で外出を繰り返した。「地域に協力してもらえたら」とは思ったが、隣人と話したこともなかった。「地域がつながっていなければ、何もできない」。マップ作りを通じて「高台西犬猫クラブ」も誕生した。「『共助』は長い時間をかけてできあがるもの」と言う上岸さんも、いまは手応えを感じている。

野々下さんは長年開いてきた同市高台の診療所を80歳を機に閉め、同所で「認知症カフェけやきの家」を始めた。利用者も運営ボランティアも診療所の元患者が中心。月に2回、認知症の人が出向いて体操や歌などを楽しむだけでなく、何の分け隔てもなく、同じ住民として結びつく場にもなっている。

新興住宅街で住民がつながり始めた。つながる場が増え始めた。「つながりがあったら声を掛けられる。『ちょっとお茶でも』『私も一緒に歩くわ』となれば」と野々下さん。「あっちこっちで手をつなぐ。楽しいやんか。つらい面のみ見ないで、楽しいこと見つけよう」とからりと笑う。

第2章

分かち合う

介護で苦悩「一人で抱えずに」

身近な人が認知症になった時、その家族はもどかしさやいらだちを感じながらも、いろいろなことを分かち合い、何とか心を通わせようとする。その姿から、社会の支えの在り方を考えたい。

梅本高男さん（78歳）＝大津市＝は8年前、妻の安子さん（77歳）と1カ月間かけて紅葉の四国を回った。二人きりの気ままな旅。マイカーで寝泊まりし、キャンプ用具で高男さんが朝食を作った。旅が終わろうとしていたある朝、道の駅で安子さんは「トイレに行く」と言って戻らなかった。

安子さんはすぐに見つかり、当時は気にも留めなかった。電話で安子さんと話して異変を感じた長女に促され、翌年春に安子さんが受診。認知症の診断を受けた。進行は早く、仲の良かった妻との溝が深まった。食器をげた箱に詰められたり、スマートフォンを冷凍庫に入れられたり。「なんでこんなことをするんや！」と怒鳴ることが増え、安子さんは頻繁に自宅を飛び出した。

玄関に外出を知らせる光センサーを付けるなど、思い付く策は全てやったが、外出は日に数度、昼夜を問わず繰り返し、行方が分からなくなることもあった。外出への緊張感と寝不足、言い争いのストレス……。心も体も限界を迎えた。「妻と一緒に死ぬしかないのか」とぼんやり考えたある晩。自分の両手が妻の首に掛かりかけていた。われに返り、青ざめた。

「妻を殺してしまう、助けてくれ」

「相談所」の看板を頼りに駆け込んだ先が、たまたま高齢者福祉を手掛ける地域包括支援センターだった。

地域包括支援センターで紹介され、デイサービスを利用した。ケアマネジャーに勧められ、渋々参加した男性介護者の集いに救われた。介護が思うようにいかないもどかしさを感じたり、妻の行方不明などを経験したりした同じ境遇の人たちから、どんな対応がいいのか、どのような心構えで妻と向き合ったらいいのか助言を受けた。

今なら分かる。安子さんは目の前の怒鳴る男から逃げ、記憶に残る優しい高男さんのところに帰ろうとしていた。しかし、当時は認知症の知識がなく、相談や助けを求めなかった。結婚して共働きの娘たちにも「迷惑を掛けたくない」と安子さんのことを隠し、自分で何とかしようと抱え込んでしまった。

自分と同じ悩みを抱えながら、誰にも言えない人は多い。今は集いを主催する立場になり、「妻も僕もこの世にいなかったかもしれない。一人で抱え込まず、力を借りることがいかに大事か」と語り掛ける。

安子さんは入浴や排せつが難しくなり、診断から5年後の2018年3月に特別養護老人ホームに入所した。高男さんは「家族にしかできない介護もある」と、失いかけた妻との関係をつむぎ続けた。施設に毎日通い、手をつないで周辺を散歩した。一緒に弁当を食べ、楽しかった思い出を話した。安子さんはしゃべることも難しくなったが、険しかった表情は柔らかさを取り戻していった。

2020年7月下旬、高男さんは施設玄関のガラス越しから2週間ぶりに対面した。新型コロナウイルスで今までのような面会は難しくなったが、15年前の北海道一周旅行の写真を見せた。僕の顔を忘れないで、と願いながら。

「まだ若かったな、今も若いけど。やっちゃん、いつまでも元気でいてよ」

安子さんは高男さんをちらりと見て、何度かうなずいた。

24時間、妻とともに

リビングのソファに目を閉じて座る女性。一粒の涙が頬を流れ、窓からの光で輝く。「伝えられないことがつらくて泣くのかな」。夫は、自分の気持ちを表せない妻を穏やかな声で思いやる。

京都市西京区の芦田節子さん(69歳)は53歳の時、アルツハイマー病の若年性認知症と診断され、記憶や体の機能を失っていった。現在は話せず、体もほとんど動かせない。

夫の豊実さん(71歳)は「住み慣れたところで」と在宅介護を選んだ。朝から夜まで排せつや着

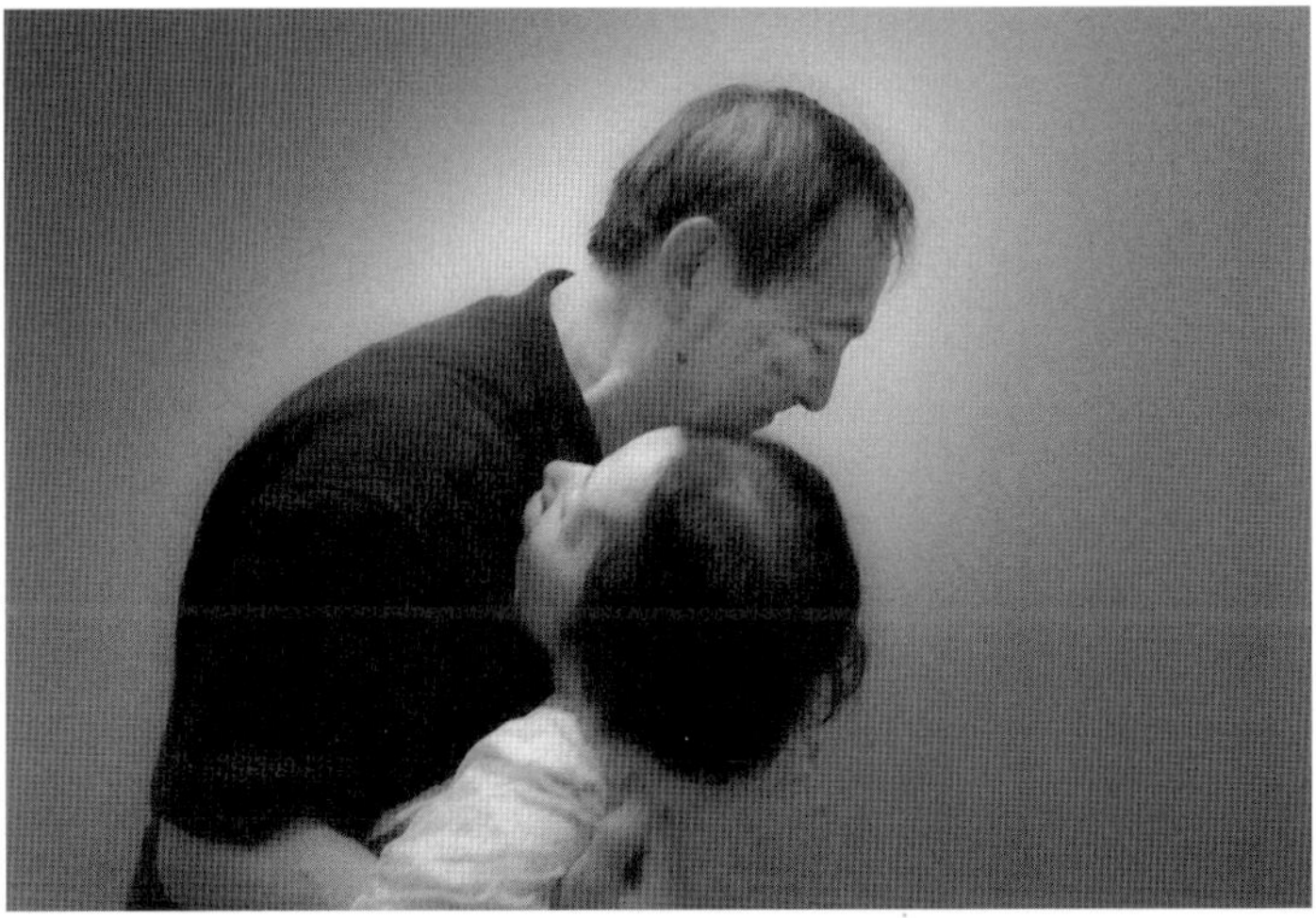

車いすに乗せるために節子さんを抱き上げる
豊美さん=京都市西京区

了解をいただき、2020年7月の2日間、芦田さんの家にカメラを置いて夫妻の生活を撮影させてもらった。

7月20日

14：00 ―リビング奥の和室で介護ベッドに横になる節子さん。

15：20 ―寝かせきりにならないよう、できるだけベッドからソファに移している。洗濯物を両手に手前を横切る豊実さん。

16：40 ―ベッドでおむつを替える。

17：20 ― 節子さんを車いすに乗せる豊実さん。毎夕、一緒に買い物に外出している。

18：15 ― 喉にたまったたんをスポンジで取る。1日に何度も。

19：30 ―認知症の症状で眠っていることが多い。

20：20 ―節子さんの体重は42キロ。持ち上げるのには体力がいる。

21：50 ―夕食のため、ダイニングに移っている。

22：55 ―ソファに戻って眠る節子さん。節子さんの食事後に豊実さんはダイニングで夕食を取る。

23：20 ―ソファで並んで眠る。豊実さんも介護疲れで座るとすぐに寝てしまう。

23：50 ―節子さんをベッドに寝かせ、「大丈夫か」と語り掛けながら薬を塗り、体温を測る。時折、節子さんが元気な頃を思い出す。節子さんのつつましやかで人に優しかった性格に今、尊敬の念を感じるという。

7月21日

1：35 ― 片付けの合間に再びソファで寝る豊実さん。

3：05 ― 就寝。

6：25 ― 夜が明けてくると、節子さんの隣で豊実さんが寝ているのが見えてくる。保湿クリームを塗るため手袋をしている。介護を始めてからあかぎれができるようになった。

9：05 ― 節子さんをパジャマから普段着に着替えさせる豊実さん。普段通りの日常生活を過ごすよう心掛けている。

11：00 ―節子さんがデイサービスに出掛け、無人となったリビング。週に3度利用しているが、こつが必要な昼食介助は豊実さんが行う。昼食時以外の短い時間で、いろいろな用事を済ませている。

替えなど多くのケアを担う。特に食事介助は時間がかかる。フードプロセッサーで食べ物を細かく砕き、とろみを加える。栄養をしっかり取り、誤嚥《ごえん》性肺炎にならないよう心を配る。うまく飲み込めずにむせたら、機器で吸引する。食べ終えるまで1時間以上。食後の口腔《こうくう》ケアも欠かさない。

豊実さんは16年続く介護で認知症について学び、節子さんに寄り添おうとしてきた。介護福祉士や認知症ケア専門士などの資格も取ったが、実際の介護の仕方に悩み、苦しみ、疲弊したこともあった。節子さんの昼夜逆転や介護拒否でいらだちが募り、節子さんを怖がらせ、不安な気持ちにさせたこともあった。

今も食事中に何度もむせたり、おむつ交換が頻繁になったりすると、疲れていらいらすることもある。しかし、2018年の節子さんの入院が2人の関係を見つめ直す機会になった。

原因不明の高熱と呼吸困難。たくさんのチューブにつながれた節子さんの姿に、豊実さんは「死んでしまうかもしれない」「助かってほしい」と思った。朝から晩まで付き添い、食事を口元に運んだ。節子さんも頑張って食べた。「一生懸命尽くすことで、一生懸命生きて応えてくれていると感じるようになった」

節子さんが生きるためにしている介護が、今では自分の生きがいになった。「節子がつらくて泣くのなら、つらさに負けないように丁寧な介護で元気づけよう」。介護は一方的に与えるものではなく、介護によって節子さんと通じ、自身も得るものがあった。

認知症が進んでも感情は残る。豊実さんは優しい言葉を掛けながら節子さんと接する。節子さんは何も言わないが、豊実さんは触れ合った肌から節子さんのぬくもりを感じている。

高校生に重い負担 失った年月——◇

12年前、女性は九州の私立高の1年生だった。心臓が悪く、歩行も不自由な祖母と自宅で同居することになった。家は経済的に厳しく、共働きの両親に代わって世話を引き受けた。「自分がやらざるを得ない」と思った。私立高を退学し、時間の融通が利く単位制の昼間定時制高に入学した。始めのころは病院、買い物の付き添いや話し相手だった。「一緒に暮らせることになり、うれしかった。支えていかなきゃ」と思っていた。祖母は「ハイカラでおしゃれ」で、服やバッグを話題に友達感覚で話せて楽しかった。

そんな生活が、大学受験が2年後に迫ったころに一変する。祖母が深夜に「この野郎！」などと暴言を叫ぶようになった。

両親の翌日の仕事に差し障りのないよう、夜間の世話は女性に任された。自分の部屋のドアを開けておき、声が聞こえるたびに祖母の部屋へ行き、落ち着くまで話を聴いた。排せつがトイレまで間に合わなかったり、おむつを嫌がって脱いだりするため、汚れた部屋の後片付けもした。いつの間にか、自分一人に重荷が背負わされていた。

勉強どころでなく、寝ても何度も起こされた。気が休まるときはなかった。思い描いていた大学生活と編集者になるという将来の夢は遠ざかり、焦りが募った。私の人生はどうなる。「憎い、殺したい。何度もそう思った」。わめく祖母の首を絞めている夢から、はっと覚めたこともある。

学校に早退理由を説明していたが、「授業をサボって合格するわけがない」と心ない言葉も投げ付けられた。父にも「家族なんだからしょうがない」とつらさを受け止めてもらえず、「そういうものか」と無理やりのみ込んだ。大学入試センター試験の初日に祖母が83歳で亡くなり、5年間にわたった介護は突然終わった。志望校は不合格。

「受験は思うようにならず、介護を頑張ったことを誰かに認めてもらったわけでもない。何も達成感がない。私の5年間は何だったのか」


家族を介護する18歳未満の子どもは「ヤングケアラー」と呼ばれる。女性は進学した立命館大（京都市北区）でヤングケアラーの調査と研究を進めている斎藤真緒教授（46歳）と出会い、周囲から見えないまま重い介護負担を押し付けられている子が多いことを知った。数万人ともされているが、詳細は分かっていない。「ただのお手伝いじゃない。大変な介護だったね」。自分一人で抱え込んできたつらさに寄り添ってもらうことで、自分自身と向き合うことができ、未来も広がったような気がした。

女性は、失った年月を取り戻す歩みを始めた。東京の大学に入学して社会人としての自分の夢を描き直すとともに、当事者セミナーに通い、同じヤングケアラーと体験を分かち合った。

「子どもが介護をすることそのものは悪いことじゃない。私も負担が軽かったならもっと優しくできて、いい孫とおばあちゃんの関係でいられただろうな、って思うんです」

なぜ私たちの社会は、子どもに重い介護を担わせてしまうのか。子どもの今だけでなく、未来までも縛ってしまうのか。「家族だから」「お手伝い」といった大人に都合のいい言葉でごまかしていないだろうか。子どもと向き合っているだろうか。

「あなたが大切」何回でも言えばいい

大嫌いだった幼稚園が終わると、ばあちゃんがいつも迎えにきてくれた。「きょうも頑張ったね」。帰路のあぜ道で背負われ、ばあちゃんの口ずさむ「赤とんぼ」の歌を聴きながら見た、真っ赤な夕焼け。いまも鮮やかな記憶として残っている。

森祐希南《ゆきな》さん（23歳）＝京都市南区＝は両親が共働きで、小さいころから祖母の古川カヨ子さん＝享年83＝の世話を受けた。同居するまで毎日、大分県内の自宅に離島から船で来てくれた。弟が生まれてからは独り占めできず、すねたこともある。

祐希南さんが中学生になったころ、カヨ子さんに認知症の症状が現れた。物忘れが進み、買い物に出て帰り道が分からなくなったり、両親を「泥棒」扱いしたりした。やがて深夜に何度も外に出ようとするようになった。

高校進学を機に祐希南さんは寮生活を始めたが、帰省の度に症状が進行していた。祐希南さんが学校の成績表を見せた1時間後、そのことを知らない親が同じ成績表を見せたら、同じように「ゆきちゃん、えらい」と泣きながら喜んだ。「こんなに忘れるようになったのか」と胸が痛くなった。

京都の大学に進学してからも頻繁に大分に帰省した。「いつか私の顔も忘れてしまうんじゃないか」と不安だったが、何よりつらかったのは、生きる気力がしぼんでいくカヨ子さんの姿を見ることだった。「生きていて、ごめん。私なんか早く死んだ方がいい」と言うようになった。老人ホーム入所後は、面会に行くと「やっと迷惑を掛けずに済む」と言う日もあれば、「家に帰りたい」と言う日もあった。

大好きなばあちゃんが生きていてくれるだけで私は幸せ。祐希南さんはいつも目を見つめ、手を握って自分の気持ちを言葉で伝えた。「忘れたって、私が何回でも言えばいい」。成人式の時は施設まで晴れ着姿で会いに行った。「大学の卒業式、見に来てね。いずれ結婚してひ孫も見てもらわなきゃ」

カヨ子さんは2018年の冬に亡くなった。ばあちゃんは、家族の緊張やいらいらを感じ取っていたのではないか。そんな悔いはあっても、ばあちゃんは今もかけがえのない存在だ。

祐希南さんは、困難を抱える本人や家族を丸ごと支えることができる存在になろうと、大学院に進んでカウンセラーを目指している。

「私の中に夕焼けの思い出は残り続けている。これからもばあちゃんと一緒に生きていく」

一人じゃない 楽しいわが家に――◇

西京区の3階建て住宅に、女性（57歳）ら夫妻と親2人、子2人の3世代6人が暮らす。親は夫婦ではなく、女性の実母と、夫の父である義父。ともに認知症があり、3年前の建て替えと同時に同居を始めた。

女性は、入退院を繰り返す義父と同居するために建て替えの計画を進めたが、建築中に実母の症状が悪化し、実母とも同居することになった。

1階に義父の寝室。部屋が足りず、実母のベッドは2階のリビングに置き、カーテンでダイニングキッチンと仕切っている。壁の少ない開放的な家で、実母と義父の声や変化に気付きやすいが、お互いを避けることができない。食事中、社会人になった長女（23歳）が職場のことを話していたら、実母がカーテンを開けて「うるさい」と怒鳴ってきたこともある。

義父も幻覚に苦しむことがあり、片時も気配りを怠ることができない。

大学2年の長男（20歳）は実母を刺激しないよう、リビングを避けてキッチンや洗面所前で食事をとる。長女も、嫌な顔を見せずに2人の言動を受け止める。

「私が同居しようと言ったばかりに、子どもに我慢を強いている」

晩婚化が進み、親の介護と子育てが重なる夫婦が増えている。女性も10年近く介護に追われ、受験などの節目に子どもの悩みを聞いてあげたり、見守ったりできなかったと負い目を感じていた。

しかし、長男が反抗期を終えたころ、母である女性に言った。「おかんに介護が必要になったら僕がみる。順繰りなんやから」。誰もが年を取り、認知症になったり、家族の支えが必要になったりする。長男から見れば今は祖父母だが、いずれは母や父、そしてやがては自分自身も。

女性もまた、実母から学んだ。実母は認知症で寝たきりの夫を自宅でみとった。「私が誰かを分かってないみたい」と笑い飛ばしていた。同じ立場になって、実母の気持ちが分かった。女性も実母から施設職員と間違えられることがあるが、愛情を注いでくれた優しい母が今もそのままいると感じる。

実母が「お母さんは忙しいんだから買い物なんか誘うな」と長男を怒鳴り付けたことがある。自分のことを大事に思う気持ちが伝わり、うれしかった。長男には申し訳なかったけれども。

実母や義父が体調を崩すと不安が募る。体調を戻して、憎まれ口をたたき、いらいらするほどの生気を感じる母や父に戻ってほしい……。

「プロじゃないから私が母や父をいらいらさせることもある。みんな完璧じゃない。お互いに少し譲って折り合いを付け、にぎやかに6人で暮らせたら」

昭和歌謡の一節「狭いながらも楽しいわが家」が続くように……。

「うーん、幸せや」。元気な実母をデイサービスに送り出して落ち着き、ふとつぶやく。

心配事は尽きない。8月中旬の早朝、実母をコンビニで保護したと警察から連絡が入った。リビングで寝ていると思っていた。実母は家の中も壁伝いで移動するほど歩くことがつらく、「外には出ない」と考えていた。義父は一時、全く食事に手を付けなくなっていたが、ようやく退院の見通しが立った。

「あの手この手を考え、まずはやってみよう」

同居を始めたころと同じように4人で話し合った。女性は決して一人じゃない。

遠くからでも 心の距離は近く——◇

大阪府豊中市の馬場正敏さん（57歳）は毎朝7時、通勤途中の駅から携帯電話を掛ける。「お母さん、昨日はどうやった？」」。電話口から南区で独り暮らしをしている母久子さん（85歳）の弾む声。「ヘルパーさんが来てくれてねえ」

久子さんには認知症がある。一人息子の正敏さんは週末になると電車を乗り継ぎ、1時間半かけて実家に向かう。10年以上、豊中と京都を往復する生活を続けている。

1年前に亡くなった父正幸さん＝享年85＝も認知症があった。父の症状が急に進み、母にきつく当たるようになったときは平日も実家に泊まり、京都から通勤した。過労で意識を失い、集中治療室（ＩＣＵ）に救急搬送されたこともあった。

それでも同居は難しかった。両親は長年暮らす京都を離れることを嫌がった。正敏さんと妻は大阪府内の市役所職員で、５人の子がおり、京都に生活を移すのは現実的でなかった。仕事を辞めて単身で京都に移る「介護離職」も考えたが、住宅ローンや教育費のため離職はできなかった。

「実の両親なのに、なぜ一緒に暮らして面倒を見ないのか」と、遠距離介護をしている人を「冷たい人間」と見る風潮が根強い。でも、「私が通うほかに選択肢はなかった。それぞれの家庭の事情があり、人生がある。百人いれば百通りの介護のやり方があっていいはず」。


両親の支えになろうと心身をすり減らしたが、介護を通じて、疎遠だった父正幸さんとの関係を築き直すことができた。

印刷業を営み、職人かたぎだった父とは反りが合わなかった。正敏さんは大学進学を口実に、父から逃げるように京都を離れたが、父が認知症になったことで再び向き合った。

暴言を繰り返す父に落ち着いてもらおうと、なぜオムライスを食べると機嫌が良くなるのかを探ったら、戦争で身寄りを失った父にとってわずかに残された肉親との思い出からだったと知った。

亡くなる数日前、腹痛に苦しむ父が「風呂に入りたい」と言った。湯船に入るまで父の体を支え、手おけで肩に湯を掛けてあげた。「ああ、気持ちええわ」。表情が和らいでいた。

「最後に父の望むことをかなえてあげられた。本当の家族になれた」

遠距離介護やヘルパーだけで、要介護度4の母の生活は成り立たない。地域の住民に支えられてこそだ。

先月は久子さんがレンジで温めていたレトルトかゆの袋が破裂し、中身が部屋中に飛び散った。毎日様子を見に来ている近所の女性（76歳）が片付けた。いすから滑って自力で起き上がれず、転倒したままの久子さんを助けたこともあった。

ただ、介護業界に転職した正敏さんは「母のように環境に恵まれた人は多くない」と感じている。団塊世代が75歳以上となり、認知症の人が700万人を超えるとされる2025年に向け、国や自治体は高齢者が可能な限り在宅で暮らせる環境づくりを進めているが、先行きは明るくない。

「介護サービスの担い手も地域の支えも足りない。もっと自分のこととして介護を巡る課題に関心を寄せるべきだ」と正敏さん。

遠距離介護を人ごとのように「冷たい」とみる意識は、社会の無関心さの裏返しではないか。

母の発症に気付かず――◇

佐保輝之さん（60歳）、ひかるさん（57歳）＝大阪市東淀川区＝夫妻は、高齢になった輝之さんの両親を誘い、同居を始めた。母の重子さん＝享年80＝は、自慢の一人息子と、自分と仲の良い嫁との同居を喜んでくれた。ところが3年後、幸せを願った同居は暗転した。

２０１１年6月、重子さんは自室で亡くなった。重子さんを殴るなどして外傷性ショックで死なせたとして、輝之さんとひかるさんは傷害致死容疑で逮捕された。夫妻によると、重子さんは亡くなる前日の夜に激しく暴れた。「父と3人で母を止めようとした。暴行はしていない」と無罪を主張した。

一審の裁判員裁判は懲役8年の実刑判決だったが、２０１５年3月の控訴審は一審判決を破棄。「夫婦の暴行以外の原因で損傷を負った可能性も否定できない」として、罰金20万円の暴行罪に大幅減刑した。


「重子さんは認知症だった」とする意見書が「逆転判決」につながった。「認知症の人と家族の会」（京都市上京区）副代表理事の杉山孝博医師（73歳）が控訴審に提出。重子さんが狭い部屋で3人ともみ合ったり、家具にぶつかったりした中で起きた「偶発的な自傷事故」の可能性を指摘した。

高齢の女性が大人でも止められない力で暴れることを一審判決は「不自然」とした。しかし、杉山医師は「認知症介護の現場で日常的にあること。介護の専門家に聞けばすぐ分かることを見落とした」と指摘する。しかし、これは司法だけの問題ではない。「認知症の人のことを、あらゆる場で身近なこととして目を向ける意識が必要だ」

夫妻は、重子さんが認知症だったことを知らなかった。一審判決後、同会が弁護団に指摘した。

夫妻は驚いたが、思い起こせば急に暴れること以外にも思い当たることがあった。

ある日、重子さんが作った焼きうどんは、いつものソース味でなくしょうゆ味で、飲み込めないほど味が濃かった。夫妻が重子さんに留守を頼んで数日外泊したら、作り置きのカレーが放置されて腐っていた。きちょうめんで料理上手の重子さんにはあり得ない出来事が重なっていた。

しかし、調理中のひかるさんが暑いだろうと扇風機をつけてくれる「優しい母」の姿もあった。「認知症なら一日中ずっと問題行動を起こすはず」との誤った認識が目を曇らせた。感情の起伏からの一時的な異変と思い込んでしまった。

母が認知症だと分かっていたら、それまでとは違う接し方ができ、今も心穏やかに生きていてくれたかもしれない。輝之さんは「間違ったことは説明すれば分かってくれると思い、説得もした。今なら母には苦痛だったたと分かる」

近所付き合いを嫌う重子さんに無理強いできず、家の中で解決しようとした。「高齢の両親にたまに声を掛けてもらい、様子を知らせてほしい」と頼めていたら……。近所の人に気付いてもらったり、生活を支える介護サービスにつながったりする機会を失った。

夫妻は現在、各地を回って経験を語っている。2年前に京都市であった民生児童委員らの研修会で、問題を抱えた家族を地域で見過ごさず、行政や福祉へ橋渡しするよう呼び掛けた。「認知症と分からないまま家庭で抱え込んでいる人は必ずいる。僕らと同じ後悔をさせないよう、ぜひ地域も関わってほしい」

不安、チラシの裏に

重子さんは生前、物忘れが進んでいく不安をチラシの裏に書きためていた。重子さんの死後、長男輝之さんが重子さんの自室のたんすなどから見つけ出した。

数百枚のうち、数枚のメモ書きから「何の事かさっぱりわからんわ」「できません」などと読み取れるぐらいで、大半は何が書いてあるのか解読できない。

重子さんはきちょうめんで、一文字ずつ丁寧に書く人だった。「認知症の人と家族の会」副代表理事の杉山孝博医師は「ミミズがはうような字体は、認知症の人に特徴的な傾向の一つ」という。いつから書き記していたのかは不明だが、介護保険制度が2000年に始まることを知らせるチラシに書かれたものがあった。輝之さん、ひかるさん夫妻が同居を始める8年前。重子さんが長年、物忘れの進行に不安を抱えていたことがうかがえる。

自分の状態に混乱しながらも、一生懸命に何かを訴えよう、書き残そうとしていた。夫妻はチラシの裏のメモ書きを見つけた時、必死に思いを絞りだそうとしていた母を想像し、絶句した。

振り返れば、重子さんが思いを訴えよう、伝えようとしたとみられる行動は他にもあった。

「出て行け」と言って家で暴れた翌日、ふすまの隙間から顔だけをのぞかせ、台所に立つひかる

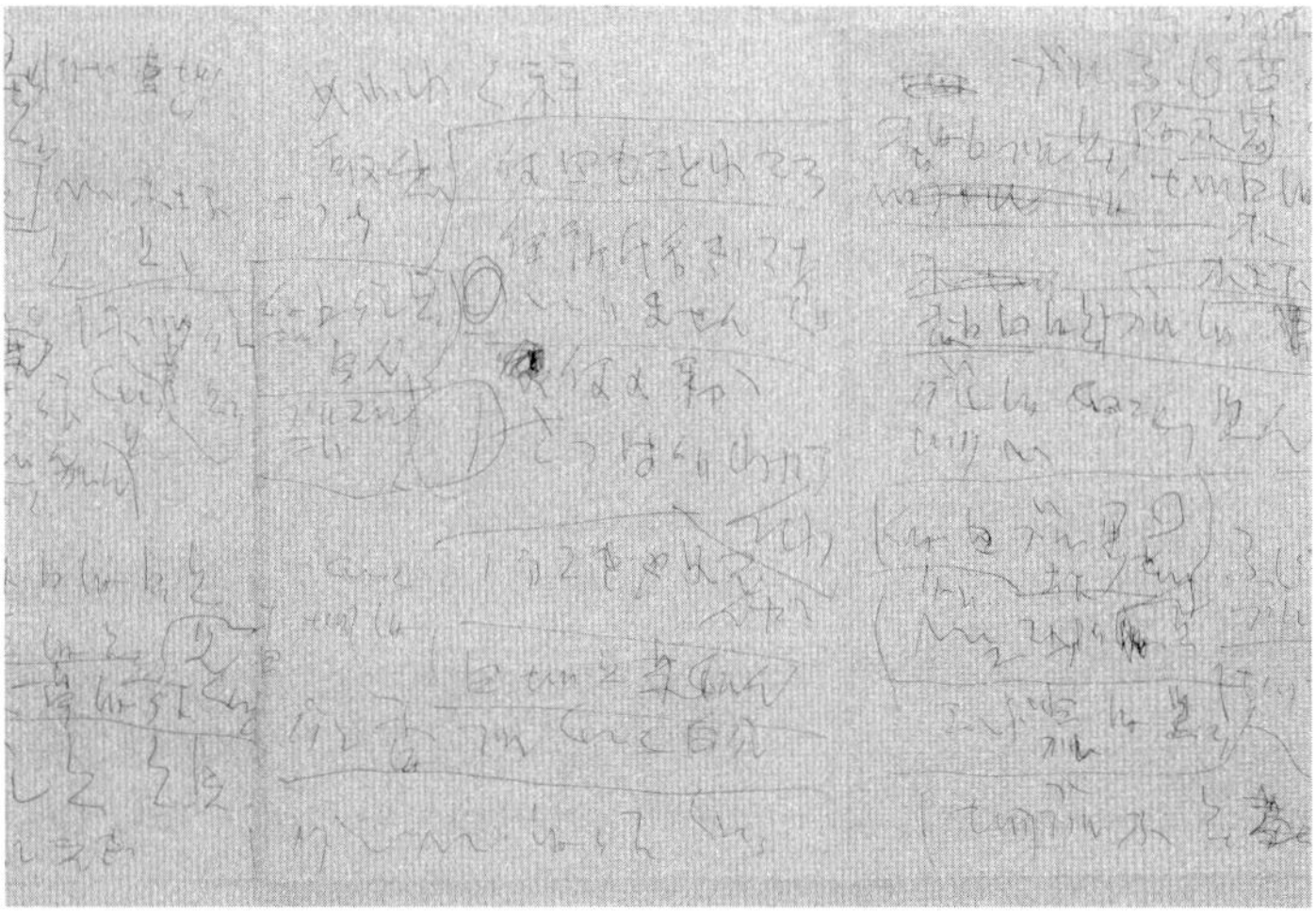

重子さんがチラシの裏に残したメモ書き。判読できない文字も多いが、中央付近に「何の事かさっぱりわからんわ」と読める1文も

さんに向けて「にぎやかなんがええ」と繰り返し言った。夫妻が出て行かないよう、引き留めようとして出た言葉だったのではないか。幼児返りしたような行動も、何とか気持ちを伝えようとした思いの現れではなかったか。

苦悩に気付けないまま母は亡くなった。逮捕されて約3年間勾留され、一家の生計の糧も失った。怒りと悲しさ、そして悔しさ。ひかるさんは取材中、こらえきれず、おえつを漏らした。

「なぜ、受け止められなかったのか」

思いに寄り添う社会を願い

「お母ちゃん、頑張って食べな、死んでしまうで。もう死ぬんか?」。河合雅美さん(48歳)＝南区＝が思いを込めて呼び掛ける。母はもうろうとしていたが、「まだ、まだ、死なへん。食べるで!」と声を振り絞った。

母の中西栄子さんは2012年に認知症と診断され、2020年4月に72歳で亡くなった。母の「食べたい、生きたい」意欲にどこまで寄り添えたのか。雅美さんは自問する。

入院先の病院で母は食事を取れなくなった。医師は「食事はもう無理」とみて、二つの選択肢を示した。チューブなどで栄養投与するか、特別養護老人ホームに戻って最期を待つか。

飲み込む能力に問題はなく、介護のプロの手でまた食べられるようになればと望みをつなぎ、特養に戻った。しかし、食べ物を気管内に入れて吸引が必要となり、すぐに食事が禁じられた。何もせず母の死を待つのはつらかった。こっそりアイスクリームを食べさせたら、耳かきほどの量をずるっと飲み込んだ。生きようとする気力を感じた。

日に日に、母は目を開けている時間が短くなった。「危ないかも」と雅美さんが帰宅を延ばして見守った晩。母はあえぐような息遣いから急にぱっと目を見開き、涙を一筋流して息を引き取った。

「人生の最後には焼き肉を食べ、生ビールを飲みたい」が母の口癖だった。せめてもと、お棺に肉とビールを入れて見送った。

「認知症で食べることを忘れたのだから、試しても無理」「動物は食べられなくなれば死ぬものですよ」。医師や看護師の言葉は医学的に正しかったかもしれないが、母の気持ちを受け止めてもらえているとは思えなかった。

私が仕事や家庭を犠牲にして通って食べさせたら、元気になったのではないか。人工的に栄養を取って体力が回復したら食べられるようになったのかも。いやいや、これが寿命だった……。あの涙の意味はなんだったのか、答えの出ない問いが堂々巡りした。

栄子さんが認知症を発症してから、多くの人たちが「少しでも本人や家族の思いをかたちに」と支えてくれた。通所先の作業所の提案でバンドが結成された。元小学校教員で式典伴奏を担当した栄子さんのピアノと、知的障害のある子どもたちのハンドベル。栄子さんは子どもにせがまれ、ピアノの弾き方を教えたりもした。

「思いをうまく伝えられなくなっても、周りに想像してもらって理解されたいと母は願った」と雅美さん。認知症の本人が実名で語ることがほとんどなかった頃から、栄子さんは講演などで登壇してきた。寄り添ってほしい。その訴えに共感は広がりつつあった。ところが、最期の環境はそれとはかけ離れていた。

雅美さんは「認知症の人と家族の会」京都府支部の会報で栄子さんのことをつづっている。家族なら誰もが経験する、みとりの葛藤。本人が終末期まで意思を尊重されて生きられる社会に必要なこと。もっと多くの人に考えてもらいたい。

「母は認知症のことを知ってもらおうと頑張った。今度は家族として感じたこと、足りないことを伝えることが私の使命かなって。誰かに響いて認知症の人が生き生きと暮らせる社会をつくろうと動くかもしれないし、これから経験する家族の備えにもなると思うんです」

小さな喜びが妻支える力に

「人格は変わらない」

アルツハイマー型認知症の越野里美さん（78歳）＝京都市右京区＝を在宅介護する夫の稔さん（76歳）は言い切る。

里美さんはほとんど話せないが、稔さんが買い物に出るとき、「気を付けて」と言ってくれる。稔さんは「ほかの人が見ても分からない、ほんのささいなこと。長年付き合ったから分かる」。

音楽療法で大好きな美空ひばりを口ずさむ。ケーキを見て喜んだ顔を見せる。「日常の中で小さな喜びを見つけられたから、介護を続けられた」

里美さんは２０１０年に認知症と分かってからも、自分らしさを大切にした。若い頃から自宅を子ども図書室として開放する「家庭文庫」を続けてきた。料理ができなくなるほど症状が進んでも、熱心に学んできた紙芝居は２０１７年ごろまで親子向けの市民活動や認知症カフェなどで続けた。自分のものとして、身に付いていた。

でも、２人が絆をつなぎ続けるには周囲の助けが必要だった。施設への通いや短期間の宿泊、自宅への訪問を柔軟に組み合わせて利用するほか、訪問診療なども受けている。「いつ終わるかわからない介護は余裕がないといけない。妻に優しくできることにつながっている」

里美さんが認知症と分かったころは、稔さんもいらいらすることも多かった。バスを降りる際に時間がかかり、「迷惑をかけたくない」という気持ちが妻を焦らせることにつながった。２０１３年から認知症カフェを利用し始め、「認知症の人と家族の会」にも入会。悩みを話し、分かってもらうことで気持ちが楽になった。

２０１８年ごろ、稔さんが買い物から帰ると、リビングが水浸しになっていた。里美さんが洗面台の蛇口を開けっ放しにしていた。水が流れ続ける中、小さな雑巾で一生懸命床をふいていた。家族の会で話すと、先輩介護者が「奥さんの気持ちを考えると……」と言って、涙ぐんでくれた。稔さんも涙が止まらなくなった。大切でいとおしい存在だと感じた。

妻は認知症になったが、多くの助けにも出合った。結婚から、まだ50年。「妻とできるだけ長く一緒にいたい」

揺らぐ共助　家族の支援へ国民的議論を

男性介護ネット事務局長　津止正敏さん

介護保険制度は、「介護の市場化」で公的関与が薄れる不安や、家族介護がないがしろになるとの批判、新たな保険料負担への懸念もあり、危うい土台の上に成立した。私は京都市社会福祉協議会の職員として市の住民説明会を回り、「家族に介護を押し付けたままでは社会は行き詰まる。社会全体で負担を分かち合う『介護の社会化』が必要で、介護保険はその第一歩」と訴え、理解を求めた。

それまで介護サービスは行政の事業で、「介護はあくまで家族の責任であり、利用は恥ずかしいこと」との意識が社会に根強く、介護を家族で抱え込むことが多かった。サービスを選択する契約制度に変わったことで「利用は権利」との認識が広まり、抵抗感がぬぐい去られた。これは大きな成果だ。

しかし、この20年間で家族頼み、在宅介護頼みの傾向はむしろ強まった。発展したのはデイサービスや訪問ヘルパー、ケアマネジャーなど在宅介護のためのサービスで、掃除など生活援助サービスの利用は制限されている。

「家族がやって当たり前」という思想は根強いが家族のありようは様変わりした。核家族化が進み、老夫婦間の配偶者介護や、別居する中高年世代の子どもの通い介護は普通になり、高齢者の独り暮らしも65歳以上のいる世帯の3割近く。子ども世帯の共働きは今後も増えるだろう。「同居家族モデル」「専業主婦モデル」は崩壊している。

モデル崩壊の結果として「介護離職」が新たに問題になった。介護が理由の離職者は年間10万人に上る。

介護しながら仕事している人は、２０１７年の統計で３４６万人。同年までの5年間で55万人増えた。50代後半に限れば働く人全体の1割超。企業にとっては主力の中高年を失いかねない。ある大手総合商社が40～50代社員に聞いたところ、5年以内に介護を担う可能性があるとした人は8割を超えた。企業の危機感は強く、介護休暇制度を整備して国基準の93日間を上回る1～2年の取得も可能とする企業も出ている。

介護休暇制度と介護サービスは働きながらの介護を支える〝両輪〟だ。しかし介護サービスは改正を重ねる度に劣化している。要介護度が高い人に重点化し、軽度を制度から外す「重度化シフト」が進んでいる。

一人で留守番はできる軽度の認知症の親がいる人は、食事をヘルパーに頼み、デイサービスも利用して仕事と介護を何とか両立している。重度化シフトが進めば仕事を続けられない。政府は「介護離職ゼロ」を掲げながら矛盾した政策を進めている。

特別養護老人ホームなど入居施設の整備・利用促進に加えて、デイサービスや訪問ヘルパーを軽度でも利用しやすくするなど、家族が介護から離れられる機会と時間を増やすサービスの充実が必要だ。介護に伴う収入減など経済的負担にも目を配るべきだ。

介護保険制度を離職ゼロにどう貢献させるのか、今後の改正における主要な論点にすべきだろう。問題となるのは、やはり財源だ。これまでの制度改正は国や自治体の税投入の比率を維持したまま、軽度者向けサービスを縮小する小手先の対応にとどまっていた。国は増え続けるニーズに応える抜本的な制度見直しに乗り出すべきだ。

介護保険施行前と同じように国が責任を持って国民的議論を呼び掛けるべきだ。介護の費用負担をどう分かち合うか、国民は関心を持って考えてもらいたいし、自治体は国の方針を垂れ流すのでなく負担増となる住民の意見を受け止め、国へ発信してほしい。

介護を受ける人だけが対象になっている介護保険法とは別に、家族を支援する新しい法整備も必要だ。この法律がある英国は「介護者支援センター」を設置し、家族にとって必要な介護サービスを提案したり、仕事や生活設計の相談を受けたりしている。

仕事しながら、子育てしながら、勉強や就活しながら、自分も体調不良なら入院・入所しながらの「ながら介護」が人生の選択肢となり得る社会の環境整備が、家族のかたちが変わった今の時代に求められている。

《介護保険の財源構成》40歳以上の人が支払う保険料が50%。残りの50%は国が25%、都道府県が12・5%、市町村が12・5%負担している。これらの比率は2000年の制度創設時から変更されていない。2000年からサービス利用者が3倍に増え、財源規模も3兆6千億円から11兆7千億円（2019年度予算）に拡大している。

つどめ・まさとし　１９５３年、鹿児島県生まれ。立命館大大学院社会学研究科修士課程修了。京都市社会福祉協議会で地域福祉部長、ボランティア情報センター長などを歴任、２００１年から同大学教授。日本ケアラー連盟代表理事、男性介護者と支援者の全国ネットワーク（男性介護ネット）の事務局長も務める。

Photo Story

夫婦の歌

京都市北区の細野寛さん（88歳）はアルツハイマー型認知症の中期で、会話が難しくなってきている。妻の直子さん（83歳）は、寛さんの言動の意味が分かる。だが、「耐えられへんときがあります」と打ち明ける。半年間取材して見えてきたのは、日本における介護の現状だった。

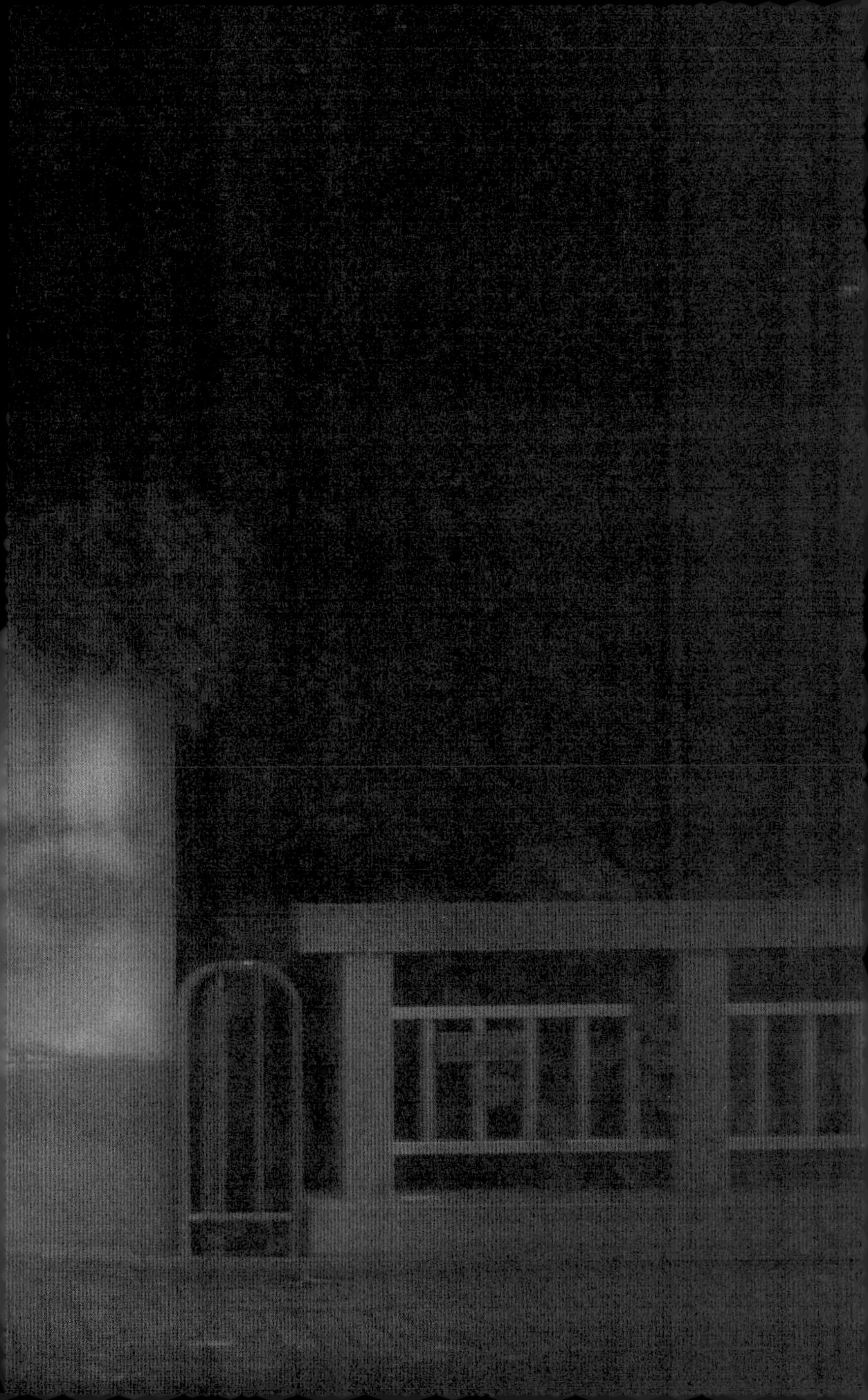

「散歩に出て夕方になっても帰って来ずに警察に保護されたことがありました。お父さんはその後も散歩に出掛けました。後ろから付いていったことがあります。健康のために昔から散歩していたコースを歩いていました。そのコースは覚えているようです。帰ってこなかったのは1度だけでした」(直子さん)

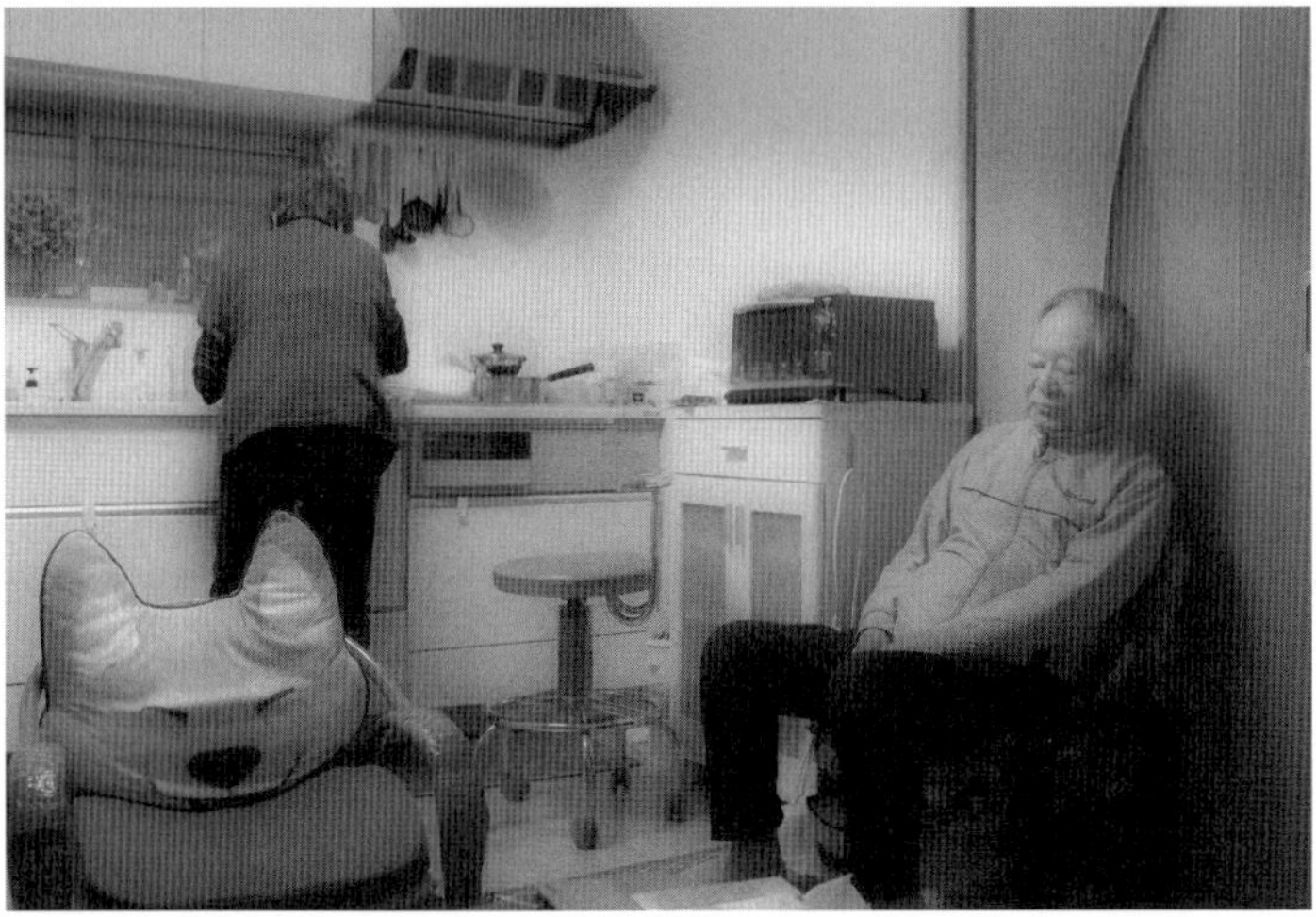

直子さん

ご飯をなんぼでもくれくれ言うんです。おいしい思て食べてくれてるのかな。認知症になる前、私の友達が家に来てたら、「もう飯やし帰って」って言ったんですよ。よう62年も過ごしてきたと思いますわ。

でも、私を頼るしかない。私も放っておけへん。構い過ぎと周囲からは言われるんです。

はつねデイサービスセンターの青木敬さん

ギターの時間をとても楽しみにしてくれています。歌に合わせて「はいはい」という声や手をたたいて合いの手を入れてくれます。みんなを楽しませようと家で練習してくれたようです。

寛さん

あんたが歌うてくれたから何年かぶりに声が出せたわ。

夫婦の暮らしは、2021年に入った頃から厳しくなっていった。寛さんは朝や昼に眠ってしまう一方、夜に覚醒して直子さんを起こそうとした。夜、外に出て行こうともした。ご飯を何度も食べたがり、便で汚れて着替えさせようとしても抵抗した。直子さんは「睡眠が取れずにしんどい」と漏らした。

デイサービスは日中だけ。直子さんが休めるように、特別養護老人ホームで宿泊するショートステイを取り入れたが、寛さんは慣れない場所で混乱し、職員の手が取られて1カ月に1泊だけしか利用できなかった。はつねデイサービスセンター主任相談員の青木敬さんは「今の日本の在宅介護は家族の支援が必要なのが実際です」と指摘する。

10月には直子さんが腰の骨を折った。寛さんを特別養護老人ホームに入れようと考えたが、すぐに入居できるところは見つからなかった。直子さんは「職員さんも大変やと思うけど、弱い体の私がお父さんの面倒見んとあかん。困っているのに分かってくれはらへん。もうちょっと老人ホームに入れるようにならへんのかなと思います」と心中を明かす。

翌年1月、直子さんはようやく手術を受けることができた。寛さんが老人ホームに入れたからではなく、腸閉塞《へいそく》で入院したからだった。直子さんは寛さんの退院後を思案している。

「どこまで面倒がみられるか。無理すると共倒れになる。私はどないしたらええんやろう」

寝てはるのを見て、
なろうと思ってなったんとちゃうしなと自分に言い聞かせます。

そやけど、耐えられへん時があります。
なんで私がここまで看《み》なあかんの。
お父さんさえいいひんかったらこんな苦労せんでええのに。
ふと思うこともあります。

でも自分が認知症になった時に人にそう思われたらかなんなと思い直します。

私がいいひんと探すんです。
怒られても私がいいみたいです。

第3章

コロナ禍の打撃

「働きたい」コロナで諦めない――◇

新型コロナウイルスは認知症の人の介護や医療、社会参加に大きな打撃を与え、支えの乏しさを浮き彫りにしている。課題にどう向き合えばいいのだろうか。

平井万紀子さん（57歳）＝京都市伏見区＝が認知症の母鈴木晏子《やすこ》さん（86歳）を自宅に呼んで同居を始めて間もなく。母は積極的に家事をしようとしたが、万紀子さんは食器の洗い残しなどが気になり、物言いがきつくなっていった。そんなある日、晏子さんは色をなして反論した。

「私は食べさせてもろてるのか？　働きたい！　まだまだ働ける！」

晏子さんは、認知症が発症した70代半ばまで、ずっと仕事を続けてきた。「働かず、家で手持ちぶさたなのが耐えられないのだ」と万紀子さんは気付き、母の願いの「働きたい」を実現しようと動いた。

東京で始まった「注文をまちがえる料理店」をモデルに、2人で2018年に認知症の人がレストランなどを会場に接客や配膳を担う一日限りの「まあいいかｃａｆｅ・注文をまちがえるリストランテ」を始めた。

注文を間違えても「まあいいか」と受け入れてくれる温かい空間の中で、晏子さんは生き生きした姿を見せた。注文をメモし、出来上がった料理は車いすで運んだ。エプロン姿で多くの来店者と笑顔を交わし、「サイコー」と叫んだことも。晏子さんの姿は他の認知症の人たちも励まし、レストランなどの大きな会場では認知症の本人20人が入れ替わりで担当するまでになった。

二人三脚で願いをかなえた母娘を、新型コロナウイルス禍が引き裂いた。

２０２１年11月、京都市内の介護老人保健施設でコロナ禍による面会制限が緩和され、９カ月ぶりに万紀子さんは母と直接顔を合わせた。母はリクライニングの車いすに寝た体勢で何度も首を左右に振り、「帰りたい」と叫び続けた。わずか15分、パネル越しで母の体に触れてなだめることもできず、切なかった。

母は入所中、自力で排せつが難しいほど身体状態が悪化した。再び同居するのは難しい。万紀子さんは帰り際に声を掛けた。「ちゃんと食べて、体力をつけててな。迎えに来るから」。うそが心苦しい。

コロナ禍がなければ、面会時に車いすで商業施設へ一緒に外出したり、好きな足湯をしてあげたりと、ひとときでも寄り添えたはず。「ごめんね」。願いを何一つかなえられないと、自責の念が募る。

コロナ禍は、「まあいいかｃａｆｅ」のような、認知症の人が生き生きとする場も奪った。感染者数が比較的少ないタイミングを見計らって企画せざるを得ない。晏子さんも２０１９年末を最後に参加が途絶えた。

2022年2月中旬、晏子さんは老健から特別養護老人ホームに移った。万紀子さんは特養に移動する介護タクシーに遠回りしてもらい、母と長年暮らした実家を車中から眺めた。

万紀子さんは久しぶりに母の手を握った。「また2人でやりたい」との願いを込めて。「諦めてはいない。母が特養から自由に外出できるようになったら、短時間で、リクライニングの車いすでも移動できる大きな会場ならできるかな。だから、早くコロナ禍が収束してほしい」

「療養」名ばかり 本音は「隔離」

2021年4月中旬、造酒錦代《みきかねよ》さん（68歳）＝京都府向日市＝は、同居する認知症の母（92歳）が新型コロナウイルス感染者の濃厚接触者になったと保健所職員から伝えられた。母が通うデイサービス利用者の感染が判明、2日後に母も陽性となり、夕方から発熱が始まった。「入院は無理。私が自宅でみるしかない」。錦代さんは覚悟を決めた。

母は以前に肺炎で入院した時、錦代さんが病院に毎日通ったが、看護師に大声を上げたり、点滴を抜いたりして、たびたび苦情を受けた。午前4時に「困っている、すぐ来てください」と呼び出されたこともあった。

新型コロナの治療病棟には付き添うことすらできない。「母も入院は嫌と言っていた。家なら人様にご迷惑も掛けず、母も落ち着く」と自分に言い聞かせた。看護師として病院勤務した経験もあり、手袋やガウン、ゴーグルを着け、昼夜問わず部屋まで様子を見に行き、体勢を変えて着替えさせ、トイレに行かせた。

しかし、解熱剤が効かなくなり、体温は39度まで上昇、呼吸は荒さを増した。かかりつけ医には往診を断られていた。発症から1週間後、保健所が特別に手配した医師の判断で救急搬送された。

その後、母は回復。ところが退院を目前にして、今度は錦代さんが発症した。

感染前の母は自力で食べて歩けていたが、入院中に車いすに座ることもできないほど衰弱した。錦代さんは発熱と頭痛でもうろうとしながら「体に力が入らない。寝たきりになった母を介護できるか」と不安を募らせた。感染を恐れる介護事業所に退院間もない母を預けたり、自宅でケアを頼めたりできるとは思えなかった。

母は退院後も食事を取れず、医師から「終末期」と告げられた。錦代さんは体のだるさを押して母を支えて座らせ、食事を勧めた。紙に「しっかり食べてね」と書き、母の自室やダイニングの壁に張った。必死の励ましのかいもあり、奇跡的に回復。今では母娘で笑い合えるまでになった。

コロナ禍が丸2年過ぎ、認知症の人と家族が孤立する状況は長期化していた。

錦代さんは2021年12月、往診のかかりつけ医の言葉に耳を疑った。「発熱したら病院でPCR検査を受けてもらい、陰性が確認されなければ往診しません」。8カ月前の母の発症時と全く同じ答え。「寝たきりの母を病院に連れて行けるなら往診を頼んでいない」。つい声を荒らげた。

感染「第6波」で自宅療養が拡大し、在宅の発熱患者や感染者を往診で治療したり、ケアを行ったりする開業医や訪問看護・介護事業所も増えはした。しかし、自宅療養する誰もが受けられるわけではない。「療養」とは名ばかりで、感染拡大を防ぐためだけの「隔離」だと錦代さんには映る。

錦代さんは、母の介護が始まってからずっと、「誰かの助けがほしい」との思いをのみ込んできた。コロナ禍で、「認知症があっても安心して暮らせる社会」の掛け声とはかけ離れた実態があらためて露呈した。

錦代さんは願う。「認知症の人や家族の生活がどのようなものか、多くの人が想像力を働かせる社会であってほしい」

複数施設利用や見守り活動で対応

新型コロナウイルス禍で、認知症の人も外出しにくくなり、症状を悪化させかねないとの懸念が関係者から出されている。家族や友人、地域の人や子どもたちなど、さまざまな人と交わることで認知症の症状や不安な気持ちが落ち着くとされるが、「まあいいかｃａｆｅ・注文をまちがえるリストランテ」のような〝つながる場〟をつくることが難しくなっており、自宅にいる認知症の人への働き掛けなど模索が続いている。

京都市の西京区認知症地域ケア協議会が２０２１年に開いた研修で、散歩すら怖がるなど本人や家族が外出を極度に自粛し、症状が進行した事例が紹介された。

認知症の80代女性が2人暮らしの夫の介護で自宅に閉じこもるようになったため、ケアマネジャーが女性にデイサービス利用を勧めた。しかし、利用先が決まった直後、予定していた施設で感染者が出た。女性は「感染が怖い」と利用を1年近く拒否し続け、症状の悪化や生活への意欲が失われている兆候がみられるという。

研修には医療・福祉の専門職や地域の民生委員らが参加。この80代女性に限らず、必要以上に本人や家族が外出を自粛する傾向があるとの声が相次いだ。「新型コロナに対する正しい知識が浸透していない」との指摘もあった。

このような状況にあって、民生委員が自宅から出ようとしない人たちの変化にいち早く気付き、必要なときに介護サービスにつなぐ地域の見守り活動が報告され、注目を集めた。

民生委員は現在、自宅訪問に代えて電話が推奨されている。しかし、特殊詐欺を恐れて電話に出てもらえないことも多いため、訪問してインターホン越しに話したり、手紙で安否確認したりする工夫をしているという。

また、施設で感染者が出た場合の備えとして、デイサービスやショートステイを日常的に複数利用するよう勧める意見も出た。認知症の人は慣れない場所だと混乱しがちだが、事前に本人も職員も慣れておけば対応しやすいという。

感染懸念で支援難しく――◇

コロナ禍が広がり始めた当初は、混乱が際立った。

2020年4月下旬、京都市内で1人暮らしをする認知症の80代女性は医者の往診で発熱の症状が認められた。ヘルパーらを派遣している介護事業所は「発熱のある利用者のところには行かせられない」と派遣を拒んだ。

女性は物忘れがあり、1人で食事や服薬ができない。家族はなく、デイサービスの利用とともに、ヘルパーらが1日2回訪れて自宅での生活を支えていた。新型コロナウイルスの緊急事態宣言が拡大、京都府も特定警戒都道府県となった。デイサービスは施設内感染防止で休業しており、ヘルパー訪問も途絶えれば命に関わる状況になる。

女性は検査で陰性と分かり、訪問は継続された。

認知症の人が1人で生活したり、「老老介護」などで高齢夫婦が2人で暮らしたりする家庭が増えている。新型コロナに感染したり、疑いが出たりすれば、生活が崩壊しかねない。80代女性のサポートに関わった看護師は「今回は陽性でなかったから良かったが、生活が立ちいかなくなる認知症の人が増えるのでは」と懸念した。

感染の恐れがある認知症の人にどう対応するか。さまざまな状況があり、医療の現場も難しい判断と対応を迫られている。

同じ頃、京都市上京区の病院で、入院患者や看護師らに新型コロナ感染が相次ぎ、別の疾患で入院していた認知症の80代女性が退院した。集団感染が発生した病棟ではなかったが、帰宅後に感染が確認される可能性も否定できない。1人暮らしの生活を支えてきた看護師やヘルパーからは「はっきりするまで入院を続けるべき」との声もあった。退院後は看護師やヘルパーが毎日通い、発熱がないのを確認した。

府医師会地域ケア委員の渡辺康介医師（71歳）は、この女性について「院内で本人が感染したり、歩き回ったりして意図せず広げる恐れがある。家に帰る方がいい」とする一方で、「症状次第では自宅でも頻繁に外を出歩く場合も考えられる。症状や家族関係、地域の受け入れ体制などから個別に判断するしかない」と現場の悩みも明かす。

一緒に暮らす家族が感染しても、家族は隔離され、本人は家に残される。複数人の訪問ヘルパーを確保しないといけない。

「認知症の人と家族の会」（上京区）は、介護者が観察期間や治療・療養を終え帰宅するまでの限定的なケアプランの事前作成を呼び掛ける。しかし、本人も濃厚接触者に当たる可能性が高く、「ヘルパーの訪問を受けられるのか。来てくれても感染リスクを承知でおむつを替えてもらえるのか」などと心配する声が相次いで同会に寄せられており、不安が広がっている。

介護の現場も厳しさを増した。マスクや消毒薬などの資材不足が深刻で、80代女性が訪問を拒まれたのもそれが理由だった。ヘルパーは身体接触が避けられない。手作り布マスクを何度も洗って使わざるを得ない事業所も多かった。もともと人手不足は深刻だったが、「感染リスクが高い」として、さらに敬遠されがちだった。

マスク着用や手洗いを求めることが難しい利用者もおり、京都市左京区の居宅介護支援事業所のケアマネジャーは「ヘルパーの精神的な重圧は相当なもの。（新型コロナ治療の診療報酬が倍増されるなど）医師や看護師だけが注目されるが、認知症の人の生活を支える在宅介護の状況にも目を向けてほしい」。せめてもの支えとして、自腹で除菌スプレーを購入し、関わりのあるヘルパーに配っていた。その後、資材不足などは解消したものの、介護現場における感染防止対策にかかる費用負担は事業所に重くのしかかり、国からの支援も乏しいままで、一時は事業所の倒産が相次ぐなど厳しい状況が続いた。

会えぬ家族 薄れる記憶

宇治市の介護療養型医療施設は、新型コロナウイルスの感染防止のため2020年3月下旬から面会禁止にしていた。病棟の入り口で新保博さん（72歳）＝同市＝は、認知症の妻ますゑさん（71

歳）の衣服をスタッフから受け取った。「食事を完食した」とますゑさんの様子を聞き、ほっとしたが、「私を忘れていないか」と不安は消えなかった。

以前は毎日ベッドの横に座り、家族のことなどを1時間ほど話し掛けていた。ますゑさんは新保さんに顔を向け、笑顔のような表情を見せていたという。

「次に会えるのはいつだろう。家族の記憶をどこまで残しておいてくれるだろうか」

京都府内の緊急事態宣言解除から間もない5月22日、わずか数分ではあったがガラス越しにますゑさんと再会した。1カ月半ぶりだった。「久しぶり」と声を掛けたものの、妻とは視線が合わなかった。

病院や介護施設の面会禁止が長期化している。入院・入所している人たちの多くは高齢で基礎疾患があり、感染すれば重症化しやすい。緊急事態宣言の解除後も、「コロナ前」のような入室は難しい。

認知症の人の孤立が進む。日帰りでは帰れない遠方から家族が週末などに通い、身の回りの世話をする「遠距離介護」を受けている人も多い。しかし、府県をまたいだ移動の自粛で介護が困難になり、「認知症の人と家族の会」に家族からの相談が相次いだ。

外出自粛で通院をためらい、症状の進行を緩やかにするための医療が滞る人もいる。

府立洛南病院（宇治市）は受診を制限していないが、定期的な診察が必要な認知症の人の半数以上が来院していない。同病院の中村陽子医師は「なぜいつも通りの生活ができないか、理解できない人もいる。不安や混乱が増すことで、認知機能が低下したり、幻覚や不眠などの周辺症状が悪化したりする恐れがある」と危ぶむ。

認知症の疑いがある人らの自宅を訪ね、早期に適切な医療や介護につなぐ「認知症初期集中支援チーム」に所属し、伏見区で活動する介護福祉士の増本敬子さん（63歳）は「不安から外を出歩いて事故に遭ったり、急に食事を取れなくなったり、ささいなきっかけで命に関わることもあり得る。認知症は緊急性が低いと切り捨てられがちだが、決してそうではない」と訴える。

自らに降りかかる新型コロナの脅威にとらわれ、孤立している人たちを視界から消していないだろうか。誰もがその立場になりうるのに、人ごととしていないだろうか。

関係「密」にできることを

プロローグで紹介した鈴木貴美江さん（81歳）＝京都市左京区＝は２０２０年2月下旬、連日続く各地のイベント自粛の報道をテレビで見ていて夜に眠れなくなり、明け方まで「これからどうなるの？」と同じ質問を繰り返すようになった。それまで一人でバスに乗って通院できたのに、敬老乗車券や診察券を自分で用意することもできなくなった。

長女の佑三古さん（55歳）は「10日間ほどで認知症に伴う症状が急に進んだ」と感じた。本人や家族、住民が定期的に楽しいひとときを過ごす「認知症カフェ」などが中止になり、貴美江さんは外出する機会がなくなった。楽しんでいたことができず、気分の落ち込みが激しかったという。

「3密」(密閉・密集・密接)を避けるため、京都府内の多くのカフェで開催見送りが続いた。「家に閉じこもり、人と会う刺激がなくなると、認知症の人は意欲や積極性を失い、症状も悪化することがある」。コロナ前は長岡京市で月2回カフェを開催していた医師の野々下靖子さん(85歳)は懸念する。気を抜く機会がなくなる家族の負担も気に掛ける。

カフェ運営に関わる人たちは、「今できることで人とのつながりを保ってもらえたら」と、代わりの手だてを模索した。

左京区で「認知症カフェ　いきいき」を運営するヘルパーらは3月、2人だけで自宅を訪れて会話を楽しむ「訪問型カフェ」を試みた。しかし翌月は感染がさらに広がり、訪問も断念。今度はマスクを手作りして贈ることを企画した。メッセージや飴を同封し、本人と家族の計13人分を5月上旬に郵送した。

左京区の市岩倉地域包括支援センターなど「にこにこ・オレンジカフェ・いわくら」の実行委員会は、「3密にならずに活動できる」として、カフェのような交流を目的とする農園の開設を早めた。

5月上旬、この農園に貴美江さんの姿があった。カフェの運営メンバーら十数人と一緒に、腐葉土を混ぜ込んだ畑に水をまいた。「土いじりをしたことはなかったけど、すごく爽快ね」と目を細めた。夏にはキュウリやトマトが実る。

認知症の人自身が積極的に外に出て培った人とのつながりは、外出自粛を耐える力になっている。伊藤俊彦さん（76歳）＝宇治市＝は妻の元子さん（74歳）と一緒に、カフェの参加者や診断を受けて間もない人や家族からの相談に応じていた。取り組みを通じて親しくなった人たちと、つらさを分かち合った。

「この先に楽しいことが待っているはず。今はお互いに我慢しましょう」。伊藤さん夫妻は同じ境遇の人たちに電話を掛け、近況を伝え合った。電話口から「心強い」「励まされた」と声が返ってきた。

俊彦さんは今後を見据える。「今は連絡先を知っている人に限られるが、さらに呼び掛け、テレビ電話など顔を見ながら話をできる仕組みづくりも考えたい」

ワクチン接種の同意で混乱

高齢者を対象にした新型コロナウイルスのワクチン接種が2021年4月、国内各所でスタートした。国は、認知症のある入所者に対しても接種の本人同意を求めているが、同意確認が「あいまい」なまま接種して副反応が出た場合には施設が責任を問われかねず、施設関係者の間に戸惑いが広がった。

厚生労働省はワクチン接種の意思確認について、施設が家族や施設嘱託医の協力を得ながら本人に接種の意思を確認し、自筆か意思確認した人の代筆で予診票の同意欄に署名が必要――との見解を都道府県に示していた。

ただ、本人が意思表示できない場合にどうすれば同意の有無を確認したと見なせるのか。国が本人への意思確認に代わる基準を示していなかった。

これまで認知症のある入所者へのインフルエンザワクチン接種については、原則は新型コロナと同じく本人の同意が必要だが、意思確認が困難な場合もあり、施設の多くが家族に判断を求めて本人の意思とみなしてきた。国も事実上黙認して慣例となっている。ところが今回の新型コロナで改めて国が見解を出したことで、本人の同意をどう確認するかが問われる事態となった。

長年の接種実績があるインフルエンザワクチンと異なり、新型コロナワクチンは副反応の出やすさや深刻さが分からない点がある。リスクの不透明さから施設側が対応に苦慮している。府内の特別養護老人ホーム施設長は「死亡など万が一のリスクを誰が取るのかが明確ではなく、施設が責任をとらされることが怖い」と明かす。

本人への意思確認に瑕疵《かし》がなかったかなど、同意の手続きに疑問を呈され、施設内の事故を対象とした保険の支払いの対象外となる恐れもあった。府内の高齢者施設が保険会社に問い合わせたところ、現状のまま家族の判断で接種を行って副反応があった場合、保険金の支払いは「難しいかもしれない」と回答を受けたという。

重症化リスクの高い高齢者が入所する施設でもクラスター（感染者集団）発生が相次いでいる。事態は切迫しており、施設だけでなく自治体も国に対し、意思確認が難しい場合に、代わりに「同意」の有無を判断する具体的な方法や基準を示すよう求めた。

国会でも議員から「特例的に家族の同意で接種を認めるべき」と踏み込んだ意見が出たが、田村憲久厚生労働相は3月31日の衆院厚労委員会で「本人の同意なくして医療行為はできない。その前提を逸脱して行政が方針を示すことはできず、現場で意思をくみ取ってほしい」と述べるにとどめた。

施設が厳密に本人から同意を得ようとして接種を受けられない人が相次ぐことを懸念する声も出た。「認知症の人と家族の会」の鈴木森夫代表理事は、「本人の意思が尊重されることはもちろん大切だが、結果的に不利益を被ってはいけない。感染拡大防止という公衆衛生の観点でも考える必要があるのではないか」と話した。

高齢者へのワクチン接種が始まって約10日後、厚生労働省は家族同意による接種を事実上認める通知を出したが、明確な表現は避けており、施設側の戸惑いは消えていない。

民生委員 工夫して寄り添う

民生委員は地域の見守り活動を担っている。認知症が疑われる人に受診を勧めたり、地域で暮らし続けるための支援につなげたりすることも期待されるが、その活動もコロナ禍の影響を受けた。

桜が満開となり、春らんまんの２０２２年４月上旬。京都市西京区で独り暮らしをする80代の女性宅を、湯浅文子さん（73歳）ら民生委員２人が訪問、「お元気な姿を見られてよかった」と女性に声を掛けた。玄関前での立ち話だったが話は膨らみ、女性は前日あった地震から、生まれ育った中国・満州の思い出などについても話した。

この女性は認知症ではないが「話がかみ合わなかったり、以前より元気がなかったりなど、継続して訪問していると世間話から認知症が疑われる兆候に気付く」と湯浅さん。女性に自身の携帯電話番号など連絡先を入れたファイルを手渡し、家を離れた。

民生委員は、地域の身近な相談相手として厚生労働相の委嘱を受けて活動する非常勤の地方公務員。ボランティアのため無報酬（活動費は支給）で、児童福祉法に基づく「児童委員」も兼ねる。任期３年で、全国で22万８２０６人が選ばれている。高齢の独り暮らしや夫婦のみの世帯が増えており、変化にいち早く気付き、必要なときに介護サービスなどの支援窓口につなぐ。その役割は重みを増している。同居の子世帯が親の認知症を受け入れたがらない場合も、民生委員の働き掛けで受診などに理解を得られることもある。

ただ、「認知症が疑われる人と接する機会が増えているが、対応に戸惑うことも多い」（湯浅さん）という。そこで、湯浅さんが会長を務める桂民生児童委員協議会と、同じく地域住民らでつくる桂学区社会福祉協議会は3月下旬、認知症について初めての合同研修を企画。市西京・南部地域包括支援センターの指導で約20人が認知症が疑われる人への接し方を学んだ。

地域に根ざした活動を進めている民生委員に対しては、認知症支援を担う福祉分野からも期待が高く、連携が深まっている。合同研修でも、民生委員が認知症の兆候に気付いたことで地域包括支援センターが支援の必要な家庭を把握できたり、顔なじみの民生委員が同行することで対象者と接することができたりした事例が報告された。

一方、コロナ禍で民生委員の活動を巡る環境は大きく変わった。

認知症の症状や不安な気持ちは、友人や地域の人などさまざまな人と交わることで落ち着くとされるが、コロナ禍で多くの交流が途絶えた。湯浅さんは「認知症が進行したとみられる人が明らかに増えた」と話す。自力で買い物ができていた独り暮らしの女性が夜間に雨が降っても出歩くようになり、近所の住民から民生委員へ相談が相次いだ。本人と話したところ、しきりに「さみしい」とつぶやいたという。

コロナ禍で見守り活動のニーズは増しているにもかかわらず、民生委員の活動は制約を受けている。まん延防止等重点措置などの発令中、感染拡大防止のため京都市民生児童委員連盟などは手紙や電話の利用を推奨、直接会う機会が限られてきた。桂学区社協会長で民生委員でもある立花満利子さん（72歳）は「特にワクチン接種が進むまでは感染を恐れる訪問先から拒否されることも多かった」と明かす。

湯浅さんらは、3月のまん延防止等重点措置の解除を受けて訪問を再開させた。それまでは「お変わりありませんか」などと書いたメモと連絡先を郵便受けに入れたり、民生委員ら21人の顔写真をそれぞれの担当地区に置いた地図を配ったりするなど、つながりを持とうと工夫してきた。

「認知症が疑われる兆候はちょっとした変化だからこそ、まめに足を運び、寄り添っていく。コロナ禍においても、民生委員の役目を続けていきたい」と湯浅さんは話す。

●提言

公助の希薄　自己責任迫る 国は無責任

認知症の人と家族の会代表　鈴木森夫さん

「認知症の人とその家族は追い風と向かい風の両方を受けている」

「わらじ医者」と親しまれ、私たちの会の設立にも関わった故早川一光さんは、介護保険制度の施行後の状況をこう表現した。

認知症の本人と家族が自ら声を上げたことで社会に理解が広がった。国も、偏見を招くとして「痴呆」の呼称を変更し、認知症の各種施策を打ち出して専門医や相談窓口も充実させた。

そんな「追い風」の一方で、本人と家族を支えるはずの介護保険制度は、社会保障費抑制を理由に改正ごとに後退を続けた。

「向かい風」の一つが、要介護2以下の「軽度者」を介護保険から切り離す動きだ。厚生労働省は2020年10月下旬の省令改正で、非専門職がケアを担う介護予防・日常生活支援総合事業（総合事業）への軽度者移行の方向にかじを切った。

認知症の発症初期は、要支援または要介護1、2の「軽度」と認定されることが多い。体はまだ元気だが認知機能や症状に波があり、本人も家族も戸惑う〝混乱期〟でもある。認知症の進行を緩やかにするためにも専門的な関わりが最も求められる時期であり、私たちは専門性を持たない住民ボランティア主体でケアを担う総合事業移行に反対してきた。

2008年に財務省が「要介護2以下を制度対象外とすれば年間2兆900億円を節減可能」との試算を公表、「軽度者外し」は既定路線だったと言える。介護保険による「公助」の範囲を改正のたびに狭め、予防事業を介護保険の枠内で進めたり、利用料の自己負担割合や保険料を引き上げたりするなどして、「自助」を迫る姿勢を強めていった。

2019年に政府決定した「認知症施策推進大綱」をめぐる議論が象徴的だ。素案に「70歳代で発症を1歳遅らせる」とする数値目標を掲げるなど〝予防〟を強調した内容だった。検討段階で「認知症の（医療費、介護費などの）社会的コストは30年には年間21兆円まで増加する」との試算も出してきた。

医療費圧縮を求める財務省や財界の意向を踏まえ、健康維持に国民の努力を求める「予防の圧力」が広がっていた。しかし、認知症は確立された予防法や治療法はない。私たちは認知症施策に予防が強調されることに対し「認知症になるのは予防を怠ったから、なった人が悪いとの偏見を助長し、自己責任論に結び付きかねない」と反対の声を上げた。数値目標は削られたが、認知症の人が地域で生き生きと暮らせる「共生」を目指すとしていたそれまでの国家戦略から大きく後退した内容になった。

介護保険制度は本来、介護が必要になったら、いつでもどこでも誰もが安心してサービスを受けられる制度のはずだ。憲法が保障する、健康で文化的な最低限度の生活を営む国民の権利と、社会保障などの向上および増進に努める国の責務、公の責任をないがしろにせず、本来の姿に立ち返るべきだ。

菅義偉首相は2020年、就任後初の所信表明演説で「自助、共助、公助」の在り方について「まず自分でやってみる。そして家族、地域で互いに助け合う」ことを求め、その上での「公助」だと述べた。「何もかも国がやってあげられる時代ではない」とくぎを刺したかったのだろうが、国民に自己責任を迫る、非常に冷たい言葉だと映った。

介護保険が始まった翌年の小泉純一郎首相就任以降、規制緩和や市場原理主義を重視し、福祉・公共サービスの多くを民間に委ねる「新自由主義」が拡大した。菅首相の発言もその流れに沿っている。

そんな政権が国民の高い支持を得たのは、社会保障を巡る世代間対立をうまく利用したことが一因とみている。小泉氏は「旧来の仕組みをぶっ壊す」と構造改革を訴え、安倍晋三前首相は子育てなどと合わせた全世代型社会保障検討会議を立ち上げ、ともに「今の世代のつけを後世に回すのか」と若い世代をあおった。

若い世代が社会保障の先行きと自分の老後に不安を持つことは理解できる。しかし、所得などの格差が広がっている。自分に何か起こっても自己責任を求められ、はい上がれない社会でいいのだろうか。認知症は誰もがなり得るし、誰もが介護者になり得る。ひとごととせず、共感を持って考えてほしい。

《介護予防・日常生活支援総合事業》高齢者が要介護状態にならないように地域が多様なサービスを提供する事業として2011年から始まった。利用者宅で掃除や洗濯などの生活支援をしたり、レクリエーション中心のデイサービスを開いたりするなど、訪問・通所介護サービスの一部を非専門職の住民が担い手となって安価に提供している。2014年の法改正で介護保険から切り離され、要支援1、2の人対象の自治体事業になった。全国一律の介護保険サービスと異なり、内容が自治体予算に基づくため、安定的な提供に不安の声がある。地域の高齢化で提供側の担い手不足も課題。

すずき・もりお　1952年、愛知県生まれ。愛知県立大卒。愛知、石川両県の病院、介護施設で医療ソーシャルワーカーや特別養護老人ホーム施設長、ケアマネジャーを勤めた。1984年の「認知症の人と家族の会」石川県支部設立に携わり、2017年6月、会発足から37年間にわたり代表理事を務めた高見国生さんの後を継いだ。

介護保険縮小の「向かい風」《《《 》》》認知症理解広がる「追い風」

1997年
- 国会で介護保険法が成立

2000
- 介護保険制度スタート

2004
- 国際アルツハイマー病協会（ＡＤＩ）国際会議が京都市で開催。66カ国4000人が参加
- 「痴呆（ちほう）」から「認知症」へ呼び方変更を厚生労働省が通達
- 「認知症の人と家族の会」が認知症の実情に合った専用の要介護認定を提言

2005
- 予防重視型への転換とサービス給付の重点化を盛り込んだ改正法成立
  - 要支援を２段階に分け、利用制限のある軽度者の対象拡大
  - 介護施設入所者の食費や光熱水費を自己負担に

2006
- 社会保障費の伸び抑制を示した「骨太の方針2006」が閣議決定

2008
- 「要介護2以下を保険適用除外すれば年間2兆900億円節減可能」と財務省が試算公表
- 厚生労働省が「認知症の医療と生活の質を高める緊急プロジェクト」報告書公表。有症率調査など実態把握を明記

2012
- 認知症の早期発見・診断しやすい地域づくりや支援整備を目指す「2012京都文書」がまとめられる
- 「共生」の地域実現に向けた国家戦略「認知症施策推進５カ年計画（オレンジプラン）」公表

14年改正への反対署名を集め、厚労省に提出する「認知症の人と家族の会」メンバーら

2013
- 介護・医療の専門職が家庭を訪ねて早期発見につなげる「認知症初期集中支援チーム」が宇治市などで試行。その後、全国で本格実施
- 京都市内で初めて、認知症のある中西栄子さんが実名公表してシンポジウムに家族とともに登壇（故人、写真=提供＝右）

2014
- 利用者負担増などを盛り込んだ改正法成立
  - 軽度者向けの「介護予防・日常生活支援総合事業」の一部を介護保険から切り離し、市区町村事業に移行
  - 特別養護老人ホーム入所者を要介護３以上に限定
  - 一定所得以上の 利用者負担を2割に引き上げ

2015
- 新オレンジプラン策定。前計画より認知症の本人の視点を強く反映させる

2016
- 認知症の男性が電車にはねられ死亡し、同居家族の監督義務が問われた訴訟で、最高裁はＪＲ東海の賠償請求を棄却

2017
- 現役並み所得者に「３割負担」を導入する改正法成立
- 京都市で再びＡＤＩ国際会議。78カ国から4000人参加

2018
- 65歳以上の介護保険料が月額5869円（全国平均）に上昇。スタート時の２倍に
- 京都式オレンジプランの達成度公表。認知症の本人による評価も加える

2019
- 政府が「認知症施策推進大綱」策定。素案段階で「予防」重視の内容が批判受ける

2020
- 「認知症の人と家族の会」設立40周年

2025
- 団塊の世代がすべて75歳以上に
- 認知症の人が700万人を超える（推計）

Photo Story

手を伸ばす

京都市内で独り暮らしをする認知症のお年寄りを訪ね、一人一人に寄り添い、医療や福祉とつなげている認知症初期集中支援チームの活動を取材した。

どこにでもある街中でお年寄りが孤立している社会の現状と苦しい生活が垣間見られた。

「カラスが友達やねん。今はおらへん。独りぼっちやからね。さみしい。このまま死んでいくんちゃうかなと思うときもある。誰かが来てくれるとうれしいですよ」(70代の男性)

閉ざされたドアの向こうで、お年寄りが独りで暮らしている。頼りになる家族も、気軽に話せるご近所さんもいない。買い物もごみ捨ても難しくなってきた。「どうせ最後はこんなもん」。そう自分に言い聞かせても、さみしいと感じる気持ちもある。

ある日、女性がやって来て笑顔で言った。「おせっかいですが、困っていることをお手伝いさせてください」

介護福祉士で、京都市伏見区の認知症初期集中支援チームのメンバー増本敬子さん（65歳）は、困難な状況にあるお年寄りが最近目立っていると感じている。「独り暮らしが増え、家族や地域のつながりも希薄になっている。格差社会の影響も感じます」

増本さんは、支援を受けていない認知症やその疑いがあるお年寄りの家を訪れ、医療や介護保険のサービスにつないでいる。訪問先の当人は、部屋にごみがたまっていても、トイレが詰まっていても、「困っていない」と言う人が多い。認知症は判断力を低下させる。人に助けてもらわなければ生きていけないほど弱った自分を受け入れるのも簡単なことではない。

「本人の意思。放っておいたら」と言う人もいる。だが、お年寄りの中には2000年に始まった介護保険のことをよく知らない人も大勢いる。待っているだけでは福祉は実現できない。「助けがほしい、と言えるようになる支援が必要」と増本さん。「一人でも多く支援が必要な人を掘り起こしたい」と言い、お年寄りの繊細な心に寄り添う。

支援によってお年寄りが穏やかな表情を浮かべたときが何よりもうれしい。2020年に初訪問した80代の男性は、家の外まで便や尿の臭いがして、汚れた服を着ていた。増本さんが訪れても、追い返そうとした。しかし、男性が困っていた銀行での出金の付き添いや食料の買い出しを通じて少しずつ関係を作り、訪問看護や訪問介護につなげた。

ベッドに横たわった男性は、看護師に背中をさすってもらいながら言った。「毎日してくれるんや。気持ちええよ」

株式会社ミックス

今回の取材で独り暮らしの認知症の方の家を伺った当初、汚れた部屋は居心地が悪かった。つながらない会話に気持ちが折れそうになった。私は目の前のお年寄りとの「壁」を作り、自分と隔ててしまっていた。

それでも、話を続けていると、その人の内面に触れる瞬間があった。90代の女性は「死んだら大学に献体したい。学生に解剖されて教材になれれば」と話してくれた。弔ってくれる人がいない寂しさと、役に立ちたいという思いの交錯を感じた。80代の男性は若い頃の話を何度も何度もした。目を輝かせて「楽しかったなー。あの時代にもういっぺん戻りたいわ」と言った。

共通して言う言葉があった。「一人はさみしい」「来てくれたらうれしい」

2020年の国勢調査によると、高齢者の5人に1人が独り暮らしで、年々その割合は増えている。そして年を取れば多くの人が認知症になる。

今回訪れたお宅はオートロック付きの賃貸マンションや少し古びた一軒家など。住宅街に溶け込んでいたが、排せつ物のにおいやごみの捨て間違いなどが地域の人の暮らしに影響しているケースもあった。

社会にはいろいろな「壁」がある。壁を感じても、その先に人がいることを忘れないようにしたい。壁の向こうで人が苦しんでおり、明日には私も苦しんでいるかもしれないのだから。

松村 和彦

第4章

つながる

家族が問われた鉄道事故の責任

認知症の人や家族が孤立せず、社会とつながるために欠けていることは何だろうか。

２００７年12月に認知症の高齢男性が電車にはねられて亡くなり、遺族が鉄道会社から高額な損害賠償を請求された。その訴訟で地裁、高裁は家族に監督義務があるとして賠償を命じたが、最高裁判決で遺族が逆転勝訴した。家族だけが責任を抱えなくてもいいとの初の司法判断で、地域で自分らしく暮らし続けたい認知症の人を勇気づけた。遺族を訪ねた。


日が落ち、辺りは暗くなり始めていた。２００７年12月7日午後5時ごろ、愛知県大府市。高井隆一さん（70歳）の父良雄さん＝享年91＝がデイサービスから帰宅して間もなく外へ出ていった。同居の母がうたた寝した、わずか6、7分の間だった。

隆一さんは東京都内の勤務先で、大府市に住む妻からの電話を受けた。取り乱した様子が伝わってきた。「（良雄さんが）ＪＲの駅構内で電車にはねられたらしい。急いで帰ってきて」

良雄さんは認知症があった。所持金はなかったが、最寄り駅の有人改札をすり抜けて電車に乗り、一つ先の共和駅のホームに降り、フェンスの扉を開けて線路に入った。トイレを探して迷い込んだとみられている。

一審名古屋地裁は2013年、母の居眠りは過失にあたり、介護方針を決めていた別居の隆一さんも監督義務があったとして、2人にJR東海が請求した振り替え輸送費など約720万円全額の支払いを命じた。

家族は外出を繰り返す良雄さんの気持ちを尊重し、行方不明までにはならないよう、できる限りのことをしてきた。

隆一さんはほぼ毎週末、横浜市から新幹線で実家に帰り、良雄さんが満足できるまで散歩に付き添った。隆一さんの妻は介護のため単身で大府市に住み、外出する良雄さんの後に付いて見守った。母は当時85歳で要介護1だったが、玄関の出入りを知らせるチャイムを枕元に置き、深夜でも注意を払った。

隆一さんは、良雄さんが自室の机から長年愛用する文具を手に取り、初めて見たような表情をするのを見た。「自宅での記憶が薄れ、落ち着かないから『家に帰ります』と外に向かおうとする」。父の苦悩に寄り添おうとした。

しかし、そんな家族の懸命な努力が司法の場で否定された。一審でJR東海側は、良雄さんの衣服に名前と連絡先を縫い付けていたことを挙げ、「行方不明時に第三者の好意に期待するのは単なる甘え」と非難まででした。

JR東海が強気の姿勢を貫いた背景に、責任能力のない人が他人に損害を与えた場合は家族らの弁済が当然とする当時の司法の「常識」があった。二審名古屋高裁は母に約360万円の支払いを命じた。隆一さんを外して支払額を半額とした判決を、法曹界は「介護の大変さも配慮して知恵を絞った」と評価まででした。

当時、認知症の人たちは自らの思いが尊重される社会を願い、実名を公表して声を上げ始めていた。厚生労働省も2012年の報告書で「認知症の人を疎んじたり、拘束するなど不当な扱いをしてきた」と現状を批判的に振り返り、認知症の人たち自らの意志による新たな取り組みを後押しした。

時代遅れの司法。「家族が責任を問われるなら、家に閉じ込めておくしかないということか」。司法への怒りが隆一さんを「負けて当然」の裁判に挑ませた。

2016年3月、最高裁はJR東海の請求を棄却した。認知症の人による事故で、防ぎきれないものまでは家族が責任を負わないとする初めての判断。この判決を受け、認知症の人による事故の保険商品が広がり、公費で保険料負担する自治体が増えていった。

訴訟は、認知症の人の介護を家族だけに抱え込ませてきた社会の現状に一石を投じた。

隆一さんは、父が事故に遭わずに済んだ可能性はゼロではなかった、と今も思う。近所の人たちも良雄さんの状態を知っていた。良雄さんが日課だった自宅前のごみ拾いをしていると、いつもあいさつをしてくれていた。あの日、もし近所の人と出会っていたら、いつもとは逆方向を歩く良雄さんに「そっちは違うよ」と話し掛け、止めてもらえたのではないか。

地域で本人や家族を手助けする「認知症サポーター」は最高裁判決から5年で7割も増え、1300万人が目前だ。今なら父が駅構内に迷い込んでも、乗客が父の名札を見て声を掛けてくれるかもしれない。

認知症鉄道事故訴訟のポイント

2013年8月　名古屋地裁判決

隆一さんと母に請求全額約720万円の支払い命じる。「居眠りをして(良雄さんの外出に)気付かず、注意義務を怠った」と母の過失を認め、隆一さんにも「介護方針を立てる立場で監督義務がある」とした

2014年4月　名古屋高裁判決

母だけに監督義務を認め、請求の半額約360万円の支払いを命令。隆一さんには20年以上別居していることを理由に監督義務を否定

2016年3月　最高裁判決

母も高齢で介護が必要な状況であり、監督は困難だったとし、家族の責任を認めず、JR東海の請求を棄却

最高裁が初判断

民法は家族ら「監督義務者」の賠償を定めているが、防ぐことができない事故の賠償責任までは負わない

「いずれ自分も認知症になるかもと考えて、目の前の人を見守り、社会全体で仕組みを整えて備える。その意識が広がれば、地域で支え合う優しい世界が開かれていくはずだ」

隆一さんはそう期待する。

「安心して外出できる」まちづくりを

認知症の人が線路内に立ち入って列車の運行を止めたり、外出中に他人にけがをさせたりして損害賠償を求められたときに備え、自治体が公費で保険料を負担する制度の普及が進んでいる。

認知症の人を被保険者とし、自治体がおおよそ1人当たり年額千～2千円程度の保険料全額をまかなう。賠償金の限度額はおおむね1億～3億円。

最高裁判決を受けて2017年11月に神奈川県大和市が導入。認知症関連団体のまとめによると、現在は全国で50前後の自治体が導入した。京滋でも2020年度に京都市や京丹後市、草津市が始めた。「万が一の際も安心だと家族の評価は高く、加入を広げていきたい」(京丹後市)という。

神戸市では実施から2年で計7件に支払われた。排せつがうまくいかずにレストランのソファを汚したクリーニング代と営業補償(約13万円)、他人の自転車を持ち帰って損傷させた修理代(約1万6千円)など。

ただ、制度に対して「個人の損失を補うために、なぜ市民の税金を使うのか」と否定的な意見も根強い。神戸市は制度導入時、全戸配布の広報で「1人当たり年間400円の負担で支え合う」と、あえて「市民の負担」を強調した。「認知症は加齢に伴うもので、いずれ誰もがどこかで直面する。人ごとでなく、全ての市民に関わることと理解してもらうきっかけにしたいと考えた」と担当者は話す。

制度は家族だけでなく、個人や事業者の損害を適切に補う意義もある。ただ制度はあくまでも「対症療法」。認知症の人が行方不明にならずに安心して外出できるまちづくりが求められている。

東京都世田谷区が2020年10月に施行した「認知症とともに生きる希望条例」は、本人の意思と権利がどこでも尊重される社会の実現を掲げた。条例案策定に関わった認知症介護研究・研修東京センターの永田久美子部長は「『賠償保険だけが先行すると、かえって『認知症の人は事故を起こす危険な存在』と誤った認識が広がりかねない。認知症があっても安心して外出できるまちづくりに向けて、行政が方向性を示し、市民や事業者の力を束ねてほしい」と話している。

注文の多い利用者 ヘルパーとともに――◇

第1章で紹介した軽度の認知症で独り暮らしの医師、谷口政春さん（96歳）＝京都市左京区＝は、注文の多いヘルパー利用者だ。「ヘルパーへの期待が大きいんです」

ヘルパーの前川弘子さん（57歳）が健康に気を配って作った夕食を「おいしくない」と残した。前川さんの料理は塩分控えめで多品目だった。谷口さんは濃い味付けで、入れ歯でかめる柔らかさがいい。前川さんは谷口さんが好きな煮物の味を聞き取り、トマトの皮や魚の骨などを取り除くようにした。谷口さんは今、残さずに食べる。「おじいの思いに近寄ってくれた」と喜ぶ。

谷口さんの家には週2日、草津市に暮らす娘が介護に訪れるが、日常生活には京都福祉サービス協会高野事務所（左京区）から派遣されるヘルパーが欠かせない。

谷口さんが注文を繰り返す背景には、認知症だった妻の君子さんの介護体験がある。困ることが多かったが、協会のヘルパーが君子さんが楽しく暮らせるようさまざまな工夫をしてくれた。「ピンチをチャンスに」を合言葉に協力して、君子さんが亡くなるまで在宅介護を続けた。

ヘルパーとともに取り組んだ介護体験を本にまとめて発行。自宅をヘルパーの学びの場ともなる認知症カフェとして提供した。「認知症の人のパートナーになるヘルパーが増えれば、温かな社会になる」。そんな理想があるからこそ、時として厳しい言葉を投げ掛ける。

「散歩の同行」を巡り、協会と何度も話し合った。散歩にヘルパーが同行し、介護のあり方や君子さんの思い出などを話しながら歩く。「散歩は私にとって最高のケア」と谷口さん。介護保険を使うには厳しい要件があり、当初は利用料を10割負担していた。「なぜ必要なのに介護保険が使えないのか」と協会に働き掛け、要件を満たして介護保険を利用できるようになった。

今夏もヘルパーの交代や散歩の行き先を巡って協会と何度もやりとりした。高野事務所の安岡英樹副所長（54歳）は「谷口さんはいいケアを広めたいとの思いがある」と理解を示すが、介護保険には制限がある。谷口さんはあくまで制度より利用者本位を求め、その都度、解決の道が探られる。

うまくいかないと、谷口さんも落ち込む。もの忘れの進行も心に影を落とす。ご飯を食べる気力がなくなり、夜眠れないこともある。それでも、しばらくすると「ピンチをチャンスに」とまた前を向く。介護の第一線で注文する利用者であり続ける。

住民と育てる農園の試み――◇

2021年7月中旬、左京区の児童館の廊下に長机が置かれ、キュウリやトマトなど10種類の野菜が並べられた。近くの農園で、鈴木貴美江さん（82歳）＝左京区＝ら認知症の人と住民が一緒に育てた。貴美江さんは「売り子」として机の前に立ち、続々と訪れる保護者らを迎えた。

トマトの小袋を手にした母親に笑顔で声を掛けた。「（熟して）赤くなってからの朝採れだから、おいしいですよ」

貴美江さんは第3章で紹介したように、市岩倉地域包括支援センターが始めた週1回の農園活動に通っている。「土いじりをしたことがなく、初めての経験が楽しくて。サツマイモの苗は（畝に）斜めに入れるって教えてもらったりね」。運営にも関わり、収穫物の調理法やこれから何を育てたいかの意見も積極的に出す。

認知症は、発症しても自宅に閉じこもらず、さまざまな人たちとつながれば、症状や不安な気持ちが落ち着きやすいとされる。

貴美江さんは新型コロナウイルス感染拡大で外出の機会が少なくなると、症状が不安定になり、夜に眠れなくなった。5月に腰骨を圧迫骨折すると、さらに不安な気持ちは膨らみ、翌月は胃潰瘍も患った。

しかし、農園は休まず、コルセットを着けて作業した。「いろんなお知り合いができて、気持ちがちょっとだけ大きくなった気がします。とってもいい方ばかりで、優しくてね」。いつも迎えてくれる「自分の場所」を支えにしている。

貴美江さんは引っ込み思案で、積極的に人と関わるタイプではなかったという。10年ほど前に発症したがデイサービス利用を嫌がり、6年前まで自宅に閉じこもっていた。

それが外に一歩踏み出したことで、親しい友人もできた。津田るりさん（72歳）とは認知症カフェで知り合った。貴美江さんが洗い物をする隣で津田さんが手伝うようになり、すぐ親しくなった。同じ娘を持つ母。「いつも娘に怒られるのは一緒やねえ」と笑い合ってきた。

津田さんは貴美江さんが認知症だから声を掛けたわけではないという。「洗い場なら顔を合わせずに誰かと話せるかなって。人見知りだとか性格が似ているから仲良くなったのかな」。愛着を込め、貴美江さんを「きみちゃん」と呼ぶ。

2019年から長女佑三古さん（56歳）と一緒に住民や行政の集まりに参加している。ウインドーショッピングが楽しみなことや、バスや地下鉄の乗り換えが不安で何度も練習したことなどの等身大の姿を、漫才のようなやりとりで伝えてきた。

自らの認知症のことを実名で発信できる人はまだ少ない。貴美江さんに依頼した市岩倉地域包括支援センターの松本恵生センター長（51歳）は「認知症になってもできることを楽しみ、失敗しても、時間が掛かってもいいと支えることができる社会にするには、本人が生き生きと暮らしている姿を見せた方がきっと響く」。貴美江さんらの一歩が、認知症になっても安心して暮らせる社会の実現につながることを願う。

2021年9月の世界アルツハイマー月間をPRする京都市のポスターに、農作業や野菜販売の写真とともに、貴美江さんと佑三古さんの2人が笑顔で掲載された。「カラーで大きく出させてもらったのだから、いろいろなことを元気でやらなきゃね」。貴美江さんは貼られたポスターを眺め、うれしそうな表情を見せた。

認知症と仲良く付き合う

宇治市で2021年5月上旬、認知症の人と家族、支援者らの茶摘みの集いがあった。若年性認知症の下坂厚さん（48歳）＝京都市北区＝は得意の写真撮影で協力しようと参加した。参加者の茶の新芽に向ける真剣なまなざしや、休憩中の柔らかな笑顔。「みんながつながり、すごくいい関係」。レンズ越しに人のぬくもりが伝わってきた。

認知症の診断を受けた下坂さんは、「自ら死を選んだかもしれない」ほど落ち込んだ時期を経て、再就職した。ただ、自宅と職場しか居場所がなく、「鬱々《うつうつ》とするから」と自転車を走らせて気を紛らわせた。

転機は39歳で発症した同年代の丹野智文さん（47歳）＝仙台市＝との出会い。大阪で講演を聴き、楽屋で話をした。同じ立場の人からの相談に乗る丹野さんのエネルギーと、屈託のない笑顔に力をもらった。

その後、認知症の人と積極的に関わるようになった。「本人同士だからこその話ができる場をつくりたい」。丹野さんの後を追い、若年性認知症の人のピアサポート（仲間同士の支え合い活動）の場の実現に向け、月1回の集い「さんげつ会」を2021年夏に始めた。

新たな一歩には伴走者の存在も欠かせない。下坂さんが診断直後に投げやりだった時期、リハビリテーション専門職の清水真弓さん（46歳）に励まされ、再就職先の紹介も受けた。現在はさんげつ会運営も一緒に行っている。

オンラインで開催したさんげつ会で、下坂さんはこう呼び掛けた。「人や社会とつながり、支え合うことで幸せに生きられる。ぜひ、まだ『つながっていない』人に知ってもらいたい」

とはいえ、今も症状が進行しないかと「不安は常にある」。ピアサポートの先行例を学ぼうと、認知症の人同士の出会いの窓口となっている「ノックノックれもん」（宇治市）に参加した下坂さんに、9年前に認知症の診断を受けた伊藤俊彦さん（78歳）＝宇治市＝は「おれは待っても待っても（症状は）あまり変わってないよ」と冗談交じりで不安を持たないよう語り掛けた。

ノックノックれもんを中心となって運営している伊藤さんは、「診断直後のショックを引きずらず、それほど不安に感じずともやっていけると思える道筋を、『前を歩く人』の姿で『後に続く人』に示したい」と話す。

伊藤さんも、自分より先に認知症と診断された人から学んだ。

受診した病院にテニス教室があり、認知症の診断から3年ほどたった人たちに交じって参加。「先輩」のプレーぶりから「能力は簡単には落ちない」と学んだ。一方で、初心者の伊藤さんがラリーを楽しめるようになった頃、彼らの症状が進んでいく姿も目の当たりにした。

「認知症は戦って勝てる相手ではない。仲良く付き合う以外に道はない」と思い至り、必要なところに認知症を伝えたり、行動を一定にしたりして、物忘れへの「備え」を心掛けるようになった。心を穏やかに保つことが症状の進行を緩やかにし、生き方にも前向きな影響をもたらす。伊藤さんは自らの姿で示している。

スローショッピング――◇

認知症の人は、レジでの支払いや商品を探すのに時間がかかることが多い。計算が苦手だったり、お金の額面を認識しづらかったりして、正しく支払いできるかどうかを不安に感じてしまう。そんな人でも気後れせずに買い物を楽しんでもらう取り組み「スローショッピング」が各地で始まっている。

「スローショッピング」のサービスは英国で始まり、日本でも注目されている。京都府が開催した企業向け研修で、スーパー「マイヤ」（本社・岩手県大船渡市）執行役員の辻野晃寛さん（51歳）が取り組みを紹介した。

同社は2019年から実施、現在は2店舗で行っている。比較的混雑していない毎週木曜午後1～3時にレジの一つに「スローレジ　ゆっくり会計」と書いたのぼりを立て、認知症の人優先にしている。コロナ禍による外出控えで利用は減ったものの、現在も毎回5組程度の本人と家族らが利用している。

実施日の店内とレジの様子が動画で紹介された。10年ほど前に認知症の診断を受けた女性が、売り場で「チーズケーキ、二つ！」とはしゃいだ。スーパーに毎週通うようになり、暴言などの行動が落ち着いたという。夫は「居心地がいいみたいで、笑顔になった。できなくなることも増えていくけど、少し工夫したらできることはたくさんある」と話した。

認知症の人は距離感や奥行き、位置関係を正しく認識するのが難しいことがある。同社は店内の案内も工夫。天井や棚の上に取り付けられることが一般的な売り場案内を床に表示した。売り場案内は4色に色分けし、4分割した店内のどこにいるかが分かりやすいようにしている。ショッピングカートには店内の案内図を入れたクリアケースを取り付けている。

認知症の人にも少しの配慮があれば、自分で商品を手に取って選ぶという誰もが長年楽しんできた買い物をあきらめなくて済む。民間事業者に取り組みを広げてもらうには、どのようにすればよいのか。辻野さんは「単独では難しく、地域の関係機関の連携が不可欠」とする。同社は、導入を働き掛けた医師をはじめ、福祉機関や認知症関連団体とともに取り組みを進めてきた。住民の協力も支えで、認知症サポーター養成講座を受講した住民が「パートナー」として商品を探すことが難しい人に付き添っている。

営利面でメリットもある。同社は「ストアロイヤルティー（客の店への愛顧度）向上」を掲げて実施。売り場案内を床に貼り付けた工夫は、棚の上を見上げる姿勢をつらく感じる高齢者の利便性を高めることにもつながったという。

「お客様とじっくり改善点を話し合う機会はなかなかない。認知症の人の不便さは他の人も同じように感じることが多いはずで、活動を通じて意見を取り入れることはサービスの進歩につながる」と強調した。

コンビニ店員がサポーターに

認知症の人が不安なく買い物を楽しめるような環境づくりが各地で進められている。

京都市山科区の「セブン―イレブン京都山科百々町店」は2015年、パートら十数人の従業員が認知症の人への接し方を学ぶ認知症サポーター養成講座を受けた。店の周辺は高齢化が進んでおり、2004年の開店当時に接客で戸惑うことが相次いだ。民生委員や地域包括支援センターに相談しながら対応を重ねるうち、講座の受講を考えたという。

認知症と思われる人が来店すれば、バックヤードに控える従業員が店内に出て世間話を持ち掛け、さりげなく見守る。会計時に焦らないよう、レジで本人に対してだけでなく、後ろに並ぶ客にも「ごめんなさいね」などと声を掛ける。

支払い済みの電気料金の振り込みに何度も来たり、毎日同じ物ばかり買ったりするなど、生活に支障が出ている可能性のある人がいれば、地域包括支援センターへの相談を通じて福祉的な支援につなげることにも一役買っている。

京都府内ではコンビニ以外にも、スーパーが自宅から店舗への送迎サービスを行ったり、一部レジをスローショッピング用にしたりする試みも始まっている。しかし、企業全体でなく、店舗独自の取り組みにとどまっている。

府は取り組みを広げるきっかけにしようと、企業を対象にワークショップを始めた。スーパー「マイヤ」が進めている買い物支援アプリ開発などを参考に、認知症の人の買い物支援にどのようなサービスが考えられるかアイデアを出し合う。小売りにとどまらず幅広い業種が参加している。「外出や会計が不安で、購買意欲はあってもヘルパーに頼む人も多いなど、潜在的な需要は高い。買い物をあきらめることなく『できる』人を増やしたい」(府高齢者支援課)とする。

増えすぎたペットが阻む介護

独り暮らしの高齢者が飼うペットが、介護の現場で問題になっている。寂しさを埋めるかけがえのない存在でも、飼い主が認知症になって適切に飼育できなくなったり、増えすぎて生活が立ち行かなくなったりすることが相次いでいる。医療や介護だけでは解決できない課題に、社会がどう向き合うかが問われている。

部屋に入ると、ネコのふん尿の強烈な異臭が鼻をついた——。2019年2月、京都市岩倉地域包括支援センター長の松本恵生さん（51歳）は左京区の独り暮らしの男性（90歳）宅を訪ねた。警察からの一報がきっかけ。「本人から『盗難に遭った』との通報があり、自宅を訪問したが、不衛生な『ネコ屋敷』だった。認知症があるようだった」

10畳の部屋に餌が入った十数枚の皿が並んでいた。当初は5匹前後だったが、野良ネコにも餌を与え始め、やがて16匹にまで膨らんだという。「ネコが寒がる」と石油ストーブ5台を外出時もつけっぱなし。餌代に月12万円も充てる一方、自身は粗末な食事でやせ細り、公共料金や固定資産税は未払いだった。

男性は十数年前に妻を亡くし、子どもはいない。松本さんは介護保険の申請手続きを行い、男性は要介護2と認定された。入浴ができるデイサービスや訪問ヘルパー、金銭管理の成年後見人の手配をする計画を立てた。

ただ、ネコ16匹をどうするか。行政に殺処分を任せる選択肢もあったが、男性の愛着を無視できなかった。「意に沿わない解決法なら、男性がこちらを信頼せず、支援が滞る。ネコを残してデイサービスに通うのも不安で拒否するはず」

つてをたどり、動物愛護ボランティアに助言を受けた。繁殖を防ぐ避妊・去勢手術や子ネコの飼い主探しに向け、業務外のボランティアで男性宅に早朝や夜に10日間通い、写真を撮ってネコを特定した。手術費用の一部は医療福祉の会合で寄付を募った。ネコの特徴などを書いて男性に了解を取り、とりわけかわいがっていた5匹だけを男性の元に残した。

身寄りがなく、心のよりどころとしてペットと暮らす人は多い。独り暮らしの高齢者は736万9千世帯（2019年国民生活基礎調査）に上り、15年前から倍増。京都市動物愛護センター（南区）への引き取り依頼も「飼い主の体調不良・死去」（認知症の発症や施設入所を含む）が増え、2019年度は依頼の半数を占めるまでになった。

ネコやイヌが増えすぎて悪臭や騒音をおよぼす「多頭飼育崩壊」や飼育放棄も増え、飼い主にマナーを求めるだけでは解決できなくなった。

「もはや人と動物の支援を切り離して考えることはできない」。この2月、松本さんは所属する市岩倉地域包括支援センターのケア会議に、獣医師や市の動物愛護担当、ネコの飼い主探しのボランティアを招いた。繁殖で増えて生活が立ち行かなくなった事例を挙げ、それぞれの立場でどのような支援や協力ができるかを話し合った。

16匹を飼っていた男性は3月に入院、食欲がなくなって衰弱した。ケアマネジャーらの発案で、自宅で男性の帰りを待つネコ5匹の写真をベッドサイドに置いた。看護師から「ネコちゃんもご飯を食べているのだから頑張って」と励まされ、男性は食事に意欲的になってきたという。

「独り暮らしの人にとって、ペットがもたらす生きがいは計り知れない。自分の寿命を考えて飼育に責任を持つよう呼び掛けることも大切だが、その存在に助けられている人を否定してはいけない」と松本さんは強調する。

動物愛護と社会福祉の縦割り排して

環境省は2021年3月に出した「多頭飼育対策ガイドライン」で、飼い主の困窮や社会的孤立が複雑に絡み合い、『人』と『動物』で別々に対応しては解決が難しい」と指摘。行政に対して、動物愛護と社会福祉の縦割りを排し、それぞれの専門家と連携して取り組むよう求めた。

京都市は、高齢者宅を訪れる介護職に多頭飼育崩壊の兆候をいち早くつかんでもらおうと、同じく3月にまとめた「京《みやこ》・どうぶつ共生プラン」第2期行動計画に介護職への研修や情報共有を盛り込んだ。独り暮らしでも適切に飼い続けることができるサービスの提供を、ペットホテルなどの民間事業者に働き掛ける方針も定めた。

滋賀県甲賀市は、市と市社会福祉協議会、地域包括支援センター、そして県動物保護管理センターや動物愛護ボランティアらが官民で「こうが人福祉・動物福祉協働会議」を3年前に作り、対策を進めている。訪問宅でネコの多頭飼育崩壊の兆候を把握するフローチャートを作成。避妊・去勢手術や野良ネコへの餌やりの有無、半年間で増えたかどうかを目安に判断できるようにした。

県動物愛護推進員の田中ヒロヤさん（50歳）は「(専門外のことを求められる）介護職の負担に配慮は必要だが、深刻な事態に至る前に解決を図ることは結果として社会福祉的な支援の一つにもなる」と話している。

立ちふさがる壁　解決の糸口は「つながり」

認知症の人と家族の会事務局長　鎌田松代さん

認知症の人と家族は、症状の進行とともに四つの壁に直面する。

初期は、症状があるのに医療や福祉につながれないことだ。何かおかしいという自覚があっても、「私はどうもない」と言い張る人も多い。本人が受け入れるのは難しい。アルツハイマー型認知症だった父は私に指摘され、すごく悲しそうな顔をしていた。専門職の私でも「なぜ父が」と悲しくなった。本人も家族も混乱する。最近は認知症への理解が広まり、早期に診断を受ける人も増えている。診断後に支援者と巡り合い、本人が生きたい人生を送る人も増えている。

介護保険には軽度の人が使えるサービスが少なく、課題になっているが、デイサービスの運動機能訓練や、ホームヘルパーによる訪問介護の調理支援などが利用できる。大切なことは、診断後に外出や人との交流を続けること。診断前に続けていた仕事や地域活動、サークルを続けた方がいい。周囲の人は認知症を理解して、間違いを指摘したり、排除したりしないでほしい。医療や福祉、人とつながることで進行は緩やかにできる。

中期は、自宅での生活が困難になる。

認知症の症状が進行して失禁や昼夜逆転があると、本人は混乱し、家族も疲れる。訪問介護の利用が制限されている現状があり、介護サービスの足りない分を家族が介護しなければ、暮らしは成り立たない。特別養護老人ホームなどに短期間入所できるショートステイを利用すれば、家族が休息できる。本人にとっては環境の変化が大きく、状態が悪くなるケースもあるが、一時的なマイナスがあっても本人と家族が長く一緒に暮らすことにつながる。

施設への通いを中心に訪問の介護や宿泊を組み合わせる小規模多機能型居宅介護を使うことで、在宅生活が続けられる可能性がある。デイサービスよりもサービスを柔軟に使え、幅広い時間をカバーできる。宿泊の際にもなじみの職員にケアしてもらえる。私の父も、小規模多機能型居宅介護を利用したことで長く自宅で過ごすことができた。

自宅での生活が困難になると、長期間入居できる施設もある。認知症の人が少人数のグループで介護職員と共同生活するグループホームは、調理や掃除に入居者も関わるなど本人の力を生かしながら暮らせる。家庭の生活に戻れるようにリハビリする老人保健施設を利用する場合もある。入居期間は原則3カ月間だが、自宅に帰れず長期間入居する例もある。介護付き有料老人ホームなど介護保険外の施設もあるが、保険内のサービスに比べて高額になる。

後期は、特別養護老人ホームに入居できないという壁がある。

みとり期まで過ごせる入居施設の特別養護老人ホームは、自宅での生活が難しくなったときの重要な受け皿になっている。しかし、認知症の症状が職員の受け入れレベルを超えている場合には、入居を待機してもらわざるを得ないのが現状だ。受け入れを判断するために、お試しのショートステイで様子を見ることもある。混乱が暴言や暴力などの形で表れていると入居は厳しい。

国の人員配置基準は、認知症の人をケアするには少ない。私が勤めていた特養は、約50人の入居者を日中7人、夕方4人、夜から朝にかけては2人でケアしていた。夕方、食後の口腔や排せつのケアで忙しいときに、入居者が「帰りたい」と外に出て行かれると、他の入居者にも波及して大変になる。興奮が治まらないことが続くと、(予防として)興奮を抑える薬を飲んでもらうこともあった。

職員は認知症ケアの難しさに悩んでいた。症状に向き合うケアの方法はまだ確立していない。職員の数もノウハウも、認知症の人の増加に追いついていない。

全期間を通して、老いの悲しみとその人らしさを支える難しさがある。

父が母に暴力を振るった時期がある。父が長年続けてきた農作業をできなくなった頃だ。鎌を研げなくなり、農機具小屋を眺めていた。できなくなった自分を見つめているようだった。認知症の人には失うつらさがある。宿泊サービスを利用した時、父は「なんで自分の家やのに帰れないのか。追い出そうとしている」と言った。グループホームに入居している認知症の義理の母は、交番に「私は監禁されています」と駆け込んだ。「助けに来て下さい」と紙に書き、ベランダから飛ばしたこともある。本人はそう感じ、そう見えている。

介護職員から大事にされている、と感じると安心する。しかし、認知症の人は程度によって使うサービスが変わっていくため、施設が変われば職員とまた一からの付き合いになる。私は父や母が施設に入居するとき、思い出や趣味、好きな食べ物や嫌いな食べ物などを記した冊子を職員さんに渡した。父の人柄や娘である私の思いも自由記述欄に書いた。人生を知ることはケアにとって重要。症状が出る理由やケアの方法を知る手掛かりになる。ウェブサイト「きょうと認知症あんしんナビ」の「オレンジつながり手帳」をダウンロードして活用してほしい。

《鎌田さんの介護経験》

鎌田さんは、福岡市の弟と一緒に佐賀県の両親を遠距離介護した。「親をしっかり見られていない」との自責の念に駆られることもあった。しかし、両親は、介護を仕事にしている鎌田さんに一回も「帰ってきて」とは言わなかった。そんな両親を介護保険と地元の福祉職が支えてくれた。父親と母親のそれぞれと亡くなる数日前に面会した。食事を介助し、話し掛けた。別れの時、「帰るね」と声を掛けると、父親は目を開けて鎌田さんを見つめた。母親は口を動かして何かを話した。鎌田さんは「ありがとうね。気をつけて帰りという、いつもの口癖のように見えた」と振り返る。

鎌田さんは両親との最後の時間を通じて、介護を支える社会をつくることへの決意を新たにした。「介護保険制度には不備がある。認知症ケアの充実も必要。良くしていかないといけない」

Photo Story

心の旅

京都市北区の下坂厚さんは2019年、46歳の時に若年性アルツハイマー型認知症と診断された。インターネットで調べると認知症は悪いイメージばかりだった。道に迷う。時間の感覚がなくなる。食べたものを忘れる。生活に困ることは確かにあった。自分が失われる不安は消えない。

だが、「認知症になったら終わり」という考えは間違っていた。世界は白黒ではなく、光と色に満ちていた。

朝か

昼か

夜か

分からないことがあります
窓の外の明るさを見て、確認します

厚さん
「あれっ、さっき何を食べたっけ？」

妻の佳子さん
「毎日同じもの作ってもばれへんな」

「何を作っても記憶に残らない…悲しいな」

ここはどこ
よく知っているはずだ
喧騒《けんそう》が頭に響く
落ち着こう
もやが心を覆う
落ち着こう
スマホを取り出し、地図をタップする
もやの中で確かさが輝いている

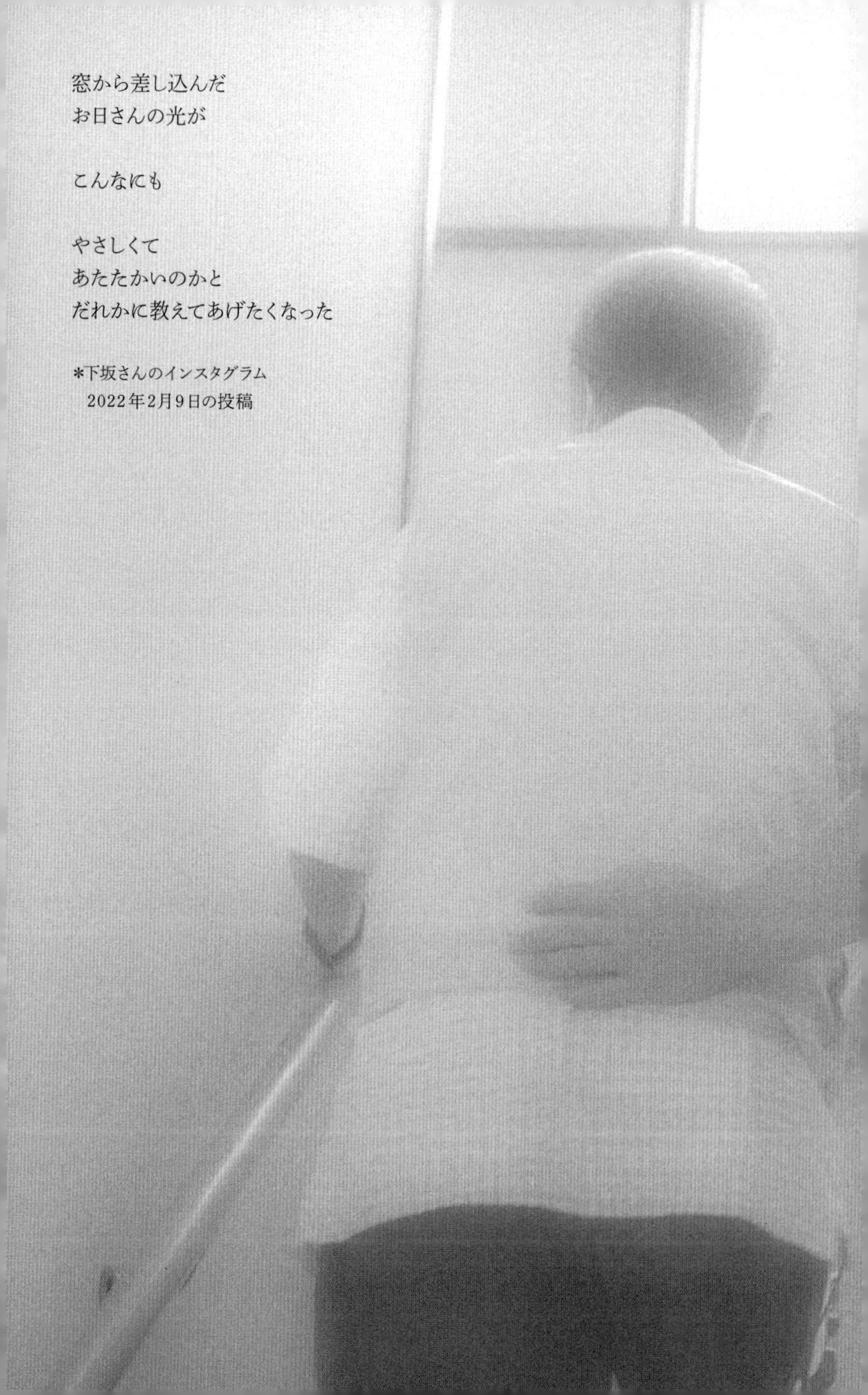

窓から差し込んだ
お日さんの光が

こんなにも

やさしくて
あたたかいのかと
だれかに教えてあげたくなった

＊下坂さんのインスタグラム
2022年2月9日の投稿

下坂さんは今、「幸せです。診断前に戻りたいとは思わない」と話す。夫婦の時間を大事にすること、日々を精いっぱい生きること、心を開いて人と関わること、美しいものに目を向けること。認知症になって大切なことが分かった。「幸せの青い鳥はいつも一緒にいると気付きました」と話す。写真家や認知症の本人として、経験したことを発信している。

高齢者をケアする仕事も経験し、価値観が変わった。会話が難しい認知症の人に手を重ねると優しく握り返してくれた。人にとって、社会にとって、何が大事なのかを問われているように感じた。

「社会では考えることが大切にされます。でも、感じることが一番大事だと教えられているような気がしました。みんなの価値観が変われば、認知症になっても生き生きと暮らせる社会になると思います」

心理学者のトム・キットウッドさんは著書『認知症のパーソンセンタードケア』（クリエイツかもがわ2017）の中で、私たちの文化を変える必要性があると訴えた。知識が最高の地位を占める経済第一主義の「古い文化」では感覚は隅に追いやられ、認知症の人は疎外され、生き生きと暮らすことができないとする一方、人を中心にした「新しい文化」では心や思いやりが大切にされ、認知症や老い、死を受け入れることができると示した。

第5章

私の一歩

地域の人と「ともに」支え合う――◇

「誰もが安心して暮らせる社会」に向けて踏み出した「私の一歩」の傍らには、地域や福祉、行政、企業などさまざまな立場で「ともに」歩む人たちがいた。その姿を追う。

住宅街の一角で、子どもたちの笑い声が響く。京都市上京区の安達春雄さん（69歳）宅のガレージ。シートが敷かれ、子どもが輪投げを楽しむ。「上手やん」と安達さん。安達さんは子どもたちから「おっちゃん」と親しまれている。「なついてくれるかな」との不安はすっかりなくなった。

認知症のある安達さんは、「チーム上京！」の中心メンバーとして地域でのつながりづくりに取り組んでいる。自宅ガレージの使用を提案、子どもの居場所づくりを進めるグループが地域で減っている放課後の児童の遊び場として活用している。

安達さんは２０１７年に認知症と診断された。会社員時代の同僚らとのゴルフは続けていたが、新型コロナウイルス禍で外出がままならなくなった。地域でも地蔵盆などの集まりは軒並み中止となり、安達さんは自宅にこもった。携帯電話を触る機会も減ってメールの送り方が分からなくなるなどできないことが増え、自信を失った。

「もう外に出たくない」とふさぐ一方で、「ぼうっとせず、何かしなきゃ」との思いもあった。

2021年5月、オンラインで開かれた若年性認知症の本人交流会で不安を打ち明けた。「身近な地域で人とつながり、安心して出掛けられる場所がほしい」との安達さんの思いを受け止め、会を主催した市長寿すこやかセンター職員の橋本千恵さん（46歳）が働き掛け、翌月に安達さん夫妻と上京区のまちづくり関連に携わる人や福祉職ら8人が集った。

橋本さんは「認知症を含め、いろいろな背景や専門分野を持つ人が一緒に、いち住民として地域のために何ができるかを安達さんとともに考えよう」と呼び掛けた。「ただの市民で認知症に詳しくない」とためらった参加者には「助けるんじゃない、一緒に楽しむんです」と訴えた。

そして始まったガレージでの「子どものよりよい育ちを支える会」の事業。子どものにぎやかな声に引き寄せられて近所の大人たちも顔を出し、お互いが笑顔になった。

安達さんの「一歩」、そして「ともに」の掛け声が、「私は支える側」「私は支えられる側」という先入観を取り払い、活動にさまざまな人を呼び寄せ、薄れつつあった地域のつながりを再生しようとしている。

安達さんは、子どもたちに道で会えば声を掛け、手を振って顔が見えて信頼し合える関係づくりを率先している。不登校の子の集いが公園で開かれれば足を運び、一緒に体操した。

支える会代表の西村奈美さん（44歳）は「共働き世帯が増え、学校の長期休暇などは1人で過ごす子も多く、関わりが広がることがありがたい」という。

さまざまな人との交流は安達さんが自信を取り戻すきっかけにもなった。講演会に招かれる機会も増え、積極的に応じる。今は自宅に閉じこもった当時の焦りとは違う。「地域をよくするためにやらなきゃという気持ちと、自分が楽しいからやりたいという気持ちが半々です」

市民の役割と喜び

宇治市植物公園で開かれた認知症カフェ「れもんカフェ」。本人や家族の活動を支える市登録ボランティア「れもねいだー」の中山敬三さん（77歳）は受付を担当し、園内の喫茶スペース前で訪れる人たちに声を掛け、参加費300円を受け取った。

本人や家族らが楽しくひとときを過ごす「れもんカフェ」は、市全域対象と8地域対象とを合わせて年36回開かれている。運営には「れもねいだー」の協力が欠かせない。

中山さんは、以前は「れもんカフェ」などに認知症の妻元美さん（73歳）の家族の立場で参加してきた。元美さんが特別養護老人ホームに入所した2カ月後の2020年1月、市の講座を修了して「れもねいだー」に登録、サポートする側に回った。

「たいした作業ではないかもしれないが、人の手は必ず要る」と中山さん。受付や会場の設営、最近は参加者の体温を測ったり、消毒を呼び掛けたりする作業もある。

ただ、〝恩返し〟だけではない。「行けば、仲間と必ず会える。それが私にとっての楽しみになった。資格を取ればこれからも堂々と行ける」

元美さんが2010年に認知症の診断を受けて以降、中山さんは妻と車で頻繁に出掛け、サクラやツツジ、紅葉を楽しんだ。「できるだけ外に出て誰かと話したり、体を動かしたりしてほしいと思った」。市内で認知症の人対象のテニス教室や茶摘み、野菜の収穫などの事業が始まり、夫妻で参加した。元美さんは感情を表に出す性格ではないが、中山さんの目には妻が喜び、生き生きしていると映った。そして、仲間と会うことが、中山さん自身の喜びにもなった。

家に閉じこもらずに社会と関わり続けることで、本人は失いかけた自信を取り戻す。そして、家族は気持ちのゆとりを持てるだけでなく、生きがいも見いだす。中山さんは「今は支えることにもやりがいを感じている」と話す。

自治体や団体の養成講座を受けて認知症の知識を学んだ後、本人や家族を手助けする「認知症サポーター」制度は、厚生労働省が推進して全国で1300万人以上が修了している。しかし、「どこに認知症の人がいるのかが分からない」などと、活動のきっかけをつかめない人が多く、実際の活動にどう結びつけるかが課題になっている。

厚労省は認知症の本人とサポーターをつなぎ、地域の見守りや生活を支援する「チームオレンジ」構想を打ち出した。市町村が「コーディネーター」を配置してサポーターを募り、買い物や通院の付き添い、自宅での話し相手など生活に身近なニーズを支援する。2025年までに全市町村での設置を目指している。

ただ、チームオレンジの整備費用には、非専門職がケアを担う「介護予防・日常生活支援総合事業（総合事業）」が充てられており、介護保険事業を圧縮したい国の思惑も透ける。さらに具体策は不透明で、自治体からは「丸投げ」との声もある。

宇治市は「チームオレンジ」構想に先立ち、２０１４年度から登録制ボランティア「れもねいだー」を養成しており、現在は中山さんら95人が活動している。「チームオレンジ」を念頭に、「れもんカフェ」や茶摘みといったその日限りの事業から、より日常的な支援に広げられないか模索している。

同市に症状が進んで自力で電車に乗れなくなったが、京都市内の絵画教室に通うことが生きがいの女性がいる。宇治市福祉サービス公社が自主事業で付き添いをしているが、介護保険は使えず、割高になる。

「認知症を理解したボランティアの活躍で生きがいを支える動きを広げられるのではないか。れもんカフェに通えない１人暮らしの人の家まで迎えに行くようなことも考えられる」と川北雄一郎事務局次長（54歳）は期待する。

お互いが補い合う

一方、サポーターの養成講座での学びが、逆に認知症の人との関わりを疎遠にするケースもあるとの指摘がある。カリキュラムが医学的な知識に偏り、重度の印象だけを与えてしまっているのではないかという。

京都市長寿すこやかセンターの養成講座受講者からは「認知症にはなりたくない」との感想も寄せられている。そこで、まず認知症の本人の意見や行動を見てもらい、先入観なく関わってもらおうと、「チーム上京!」を通じてまちづくりを切り口に認知症とは縁のなかった人への働き掛けを試みている。

「チーム上京!」は、まちづくりをテーマにしたことで、認知症にとどまらずに活動内容が広がっている。「バス停まで遠く、歩くのがつらい」との本人の意見をきっかけに、ベンチをまちの軒先に置く活動をする団体とつながり、妊婦や車いすの高齢者にとっても助かるベンチの設置場所の検討が始まった。

同センターの谷郁子担当部長(63歳)は「知識だけでなく、自分がなっても地域で生活できるという安心感や、一方的でなくお互いが補い合う発想につながってほしい」としている。

「自分で選ぶ」意思と声大切に――◇

「自分で持ちたい物を選ぶ。だから使って、外出しようと思える」

カードを持たせるのか、自ら持ってもらうのか。その違いは大きい。

京都市岩倉地域包括支援センター長の松本恵生さん（52歳）は、連絡先などを記した認知症の人のための「ヘルプカード」普及のため、医療・介護の専門職らが関わる福祉団体などに働き掛けてきた。行方不明になったときの「安全確保」のための導入は進んだが、「自ら外出するために持つ」本人のためのヘルプカードになっているのか？松本さんは疑問を持つようになった。

「僕たち専門職は、本人のできること、やりたいことをかなえようとする発想を、持っていなかったのではないだろうか」

専門職は、症状の進行した人に慣れ、知識も豊富だからこそ初期の人にも「多くのことができないはず」と先入観を持ち、真っ先に公的サービス導入で解決しようと考えてしまう傾向があるという。しかし、本人がなじみのないデイサービス利用は嫌だと拒んで自宅にこもれば、地域との関わりが途絶え、症状を悪化させかねない。

本人たちが集まって行きたい場所を出し合い、カードにどんな情報が必要かを話し合って考える。そのような場に専門職が同席し、一緒にカードを作りたい。

松本さんは数年前に宇治市を訪れ、認知症の人たちにいろんなカードを紹介した。乗降駅を記して通勤時に迷っても協力を得られるよう工夫したカードや、ブランド製のカードケースも。「カードをおしゃれに持って、どうぞ外出してください」と呼び掛けた。

「本人の声を多く届けたい。本人の声を中心にしないと、僕たちや社会の活動は方向性を誤る」

松本さんはこうも考えている。

認知症の人が自らの言葉で抱えてきた思いや希望を語ることが増えた。しかし、その大切さを実感する人は現場でもまだ限られている。数年前、松本さんが本人に住民や行政の集まりで語ってもらおうとすると、専門職から「かわいそう」「時期尚早」と本人からの発言を控えさせようとする声が相次いだ。最近も会合で「本当に自分の言葉で語れるのか」と懐疑的な意見が出たという。

本人の声や外で生き生きと活動する姿が、専門職には見えていないのではないか？

若年性認知症の下坂厚さん（48歳）のピアサポート（仲間同士の支え合い）活動「さんげつ会」が京都市左京区のレストランバーで集いを開いた。松本さんは運営に協力している。

初参加の2人を含めた4人が2時間にわたって語り合った。おしゃれな雰囲気の中、硬かった表情は次第に和らぎ、笑顔が増えていった。

本人の声を社会に届ける上で、専門職のサポートは欠かせないが、松本さんは進行を下坂さんにほぼ任せ、隣の席で見守った。

「自分のつらかった体験を他の人にさせたくない、社会に変わってほしいと声を上げたい人は多い。専門職が関心を向ければ、多くの声が届く」

本人の声を聞いているか

企業が商品開発などのために認知症の人の声を聞く場となる「マッチングカフェ」が2021年12月、京都市中京区の交流拠点「クエスチョン」で開かれた。認知症の本人と家族、介護職、企業の社員らが参加し、本人たちから自らの思いや希望が語られた。

参加者たちは「これからやってみたいこと、チャレンジしてみたいこと」をスケッチブックに書いた。森岡雅子さん（44歳）＝京都市右京区＝は1枚目に「美容師に再就職　仕事がしたい!!」、2枚目は「旅行に行きたい!!」とつづり、ハサミや車の絵も添え、緊張した面持ちでマイクを握って発表した。支援者が補いながらの説明だったが、スケッチブックのスカイブルー色の文字は力強かった。

その後のフリートークで、森岡さんを大勢の人が囲んだ。「試しに私の髪を切って」「美容院の集まる研修の場で意欲を伝えてはどうか」。森岡さんへの提案が続いた。「一緒に動いてくれる仲間ができるのはとてもいいこと」。森岡さんはそう話し掛けられ、感極まって涙ぐんだ。

森岡さんはこれまで、認知症関連の集いに参加した経験はほとんどなかった。下坂さんの「さんげつ会」の集いに誘われたのがきっかけで、このマッチングカフェに参加した。

孤独じゃない。仲間に背中を押され、一歩を踏み出した。

鈴木貴美江さん（82歳）＝左京区＝はスケッチブックを掲げ、「サイクリング」と発表した。「若いときはできましたから」と胸を張り、年齢からけがを心配する隣の長女佑三古さん（56歳）をどぎまぎさせた。

下坂さんは「ユーチューバー」と答えて会場を笑わせ、「本当はこちら。認知症の人の居場所づくりをしたい」と意欲を語った。

マッチングカフェの構成を担当した市岩倉地域包括支援センター長の松本さんは、本人の発表話だけでなく、スケッチブックに書いて示してもらうことで、本人たちが希望を持っていることが、より明確に伝わりやすいと考えた。

専門職に向け、こんな思いを込めていた。

「本人の声をしっかり聞いているか。企業にとってはお客さんの声を丁寧にくみ取るのは当たり前の姿勢。専門職は果たしてどうだったか」

「企業だからこそ」できる支え――◇

秋晴れの一日、叡山電鉄八瀬比叡山口駅（左京区）で、駅のホームを会場に認知症の人と家族らが楽しいひとときを過ごす「駅カフェ」が開かれた。

京都信用金庫職員の安藤小百合さん（36歳）は受付を担当し、駅員の帽子をかぶり、ちゃめっ気たっぷりに来場者を出迎えた。

会場では、認知症の人がゲストとしてだけでなく、主催者として運営業務を進めたり、売店でコーヒーを売ったりしていた。そんな姿を見て安藤さんは「すごく生き生きして、笑顔にあふれて。私たちは窓口で見ただけで勝手なイメージを持っていたのでは」。

金融機関も、認知症が疑われる顧客の対応に困ることが増えているという。再発行したばかりなのに「通帳がない」と訴えたり、一日に何度も窓口に訪れたりする人も。

京都信金は全ての支店で、職員が２０１８年から高齢者福祉の窓口となる地域包括支援センターに出向き、「認知症カフェ」で認知症の人との会話を楽しんだり、ケア会議に出席して地域でどう暮らしているかを学んだりしてきた。職員はさまざまな関わりを通じて「迷惑だ」「対応が不安で怖い」と突き放したような見方を変えていったという。

ある支店では、高齢男性が通帳を握りしめて連日のように訪れていた。毎回、この日が年金支給日だと思い込んでいた。独り暮らしで、体臭が生活が成り立っていないことをうかがわせた。職員は男性から妹の連絡先を聞き出し、妹の了承を得て地域包括支援センターに伝えた。男性は訪問介護を受けられるようになり、生活も立て直せたという。

長く付き合う地域の金融機関だからこそ、顧客の変化に気付きやすい。地域包括支援センターの関係者も「認知症になった人をいち早く支援につなげられる」と期待する。

金融機関は、認知症になっても暮らしやすい「備え」を後押しするサービスや商品の提供にも乗り出している。ただし、企業が出す認知症の人対象の商品やサービスには「認知症向けとうたいながら、思い込みでつくられていないか」との批判も根強い。

京都信金もＩＴ企業と入出金情報を離れて住む家族にメールで送るサービスを開発した。しかし、認知症の本人の気持ちに沿ったサービスなのか社内で疑問が出され、導入を見送った。実際に本人と接し、さまざまな感情や事情を肌身に感じた経験が生かされた。

「本人が認知症をどこまで受け入れているかなど、感情に配慮できるかどうかが欠かせない」と理事の廣瀬朱実さん（52歳）。さまざまな業種が認知症に目を向けている。廣瀬さんは「福祉とは違うアプローチだが、企業の活動はビジネスベースで考えるからこそ、ニーズの把握が徹底し、継続もしやすい。それによって提供されるサービスや商品は、認知症の人が暮らしやすくなるためのものにできるのではないか」と話す。

「守り」と「攻め」で地域モデルを

誰もが安心して暮らせる社会に向けて、企業の果たす役割は大きい。幅広い業種が参加して新しいビジネスアイデアを検討する「認知症にやさしい異業種連携協議会」（事務局・京都府）座長の成本迅・

京都府立医科大教授（精神機能病態学）は、企業の取り組みの現在地などを次のように話してくれた。

企業の認知症への関心は、業務上の必要性に迫られた「守り」の動きと、認知症の人が増えてきたからサポートする商品やサービスをつくろうとする「攻め」の動きからなる。

「守り」は窓口などでの混乱を避けるため、認知症の症状と早く気付き、どう対応するか。ただ、どういう症状で、どんなことに困り、逆に何ができるのか。かかりつけ医でも理解に勉強が必要で、企業や一般の人がイメージするのは難しい。どの行為が認知症によって生じ、どの行為が関係ないのかも分かりにくい。どの業界でも温度差があり、リーディングカンパニーや地域に根ざした一部の社の取り組みにとどまっている。

医療従事者は受診のタイミングを前倒ししようと、市民向け講演会を開いたり、簡易チェックリストを作って自治体の窓口で配布したりと、医療・福祉・行政の枠組みで進めてきた。しかし、受診時にすぐ介護保険サービスが必要なほど進行していることも多い。ある地域の調査によると、明らかに認知症と診断がつく高齢者のうち、3割しか実際に受診していなかった。

金融機関などは、お客さんが若い頃から継続的に付き合いがあり、職員に認知症について教育が行き渡れば、次元が違うほど早期に発症を気付くことが期待できる。

一方、「攻め」の商品・サービス開発は、公的保険制度の仕組みではできない。制度で届かない部分の一つは生活に楽しみを届けること。医療や介護で提供しづらい。介護保険サービスを受ける手前の「片付けができない」「道に迷いそうで外出が不安」「銀行で預金を下ろすのが難しい」といった困り事も、ＩＣＴ（情報通信技術）を含めたサポートがあれば解決し、これまで通りに暮らせる時期を長くできる。

ただし、企業活動は営利が求められる。スーパーで認知症の人の買い物に従業員がサポートに付いて手伝うと人件費、コストがかかる。国は「認知症バリアフリー宣言」をした企業を認証し、表彰する制度を検討している。認証が営利面でプラスになるとしているが、個人的にはビジネス自体がうまく回る方策を考える方が健全ではないかと思う。

高齢者を顧客とする企業が「認知症になっても使える」「なっても安心なサービス」と不安を和らげるようなサービスや商品を提供して、多くの高齢者に利用してもらえれば、認知症向け自体はもうからなくてもパイが大きくなり、結果的にもうかる。

異業種連携協議会には大企業が多いが、中小企業も増えた。地域で小さく試行的にやってもらえたらモデルとなる成功例も出てくる。そろそろアイデアが実際に世に出てほしい。

ケアマネジャーやソーシャルワーカーら生活に密着したサービスを担う業界と企業を結び付けることで何かが生まれそうな感覚がある。「医療×企業」でも生活面のサポートができる可能性がある。

「企業が認知症を利用している」との批判もあるが、発症すると旅行に行く、買い物に行く、スーパーやデパートに行くなどの経済活動からはじかれる。患者が「何もできない人になっちゃった」と思ってしまうのが本当に残念。楽しんでいたことを少しの工夫で続けられるよう、企業にはお客さんであり続けてもらうことを考えてほしい。

11業種70企業・事業所が参加

「認知症にやさしい異業種連携協議会」は2019年6月に始まり、製造業や情報通信業、卸売り・小売業、金融・保険業など11業種70企業・事業所（2022年1月末現在）が参加している。

認知症の人に企業が何をできるかモデルを示すことを目標に、企業と認知症の本人・家族、医療・福祉関係者、行政がチームを組み、「本人の困りごとと企業ができることをつなぐマッチング掲示版」「雇用継続と再就職の就労支援」「QOL（生活の質）・安全向上に役立つサービス・機器の導入支援」の3テーマで話し合っている。

例えば「QOL―」では、自宅への機器設置申し込みや使い方の相談、解約手続きなどを一括で担う窓口開設を検討している。機器については安否確認や楽しみの充実につながるホームセキュリティーなどがアイデアとして出ている。

一方、課題として、収益確保の仕組みや、自治会や地域のボランティアとの連携が挙がっている。

また、認知症になっても買い物を楽しんでもらおうと、家での準備や店までの移動、支払いや決済など「買い物」に関わる幅広い業種を募り、経済産業省と共催でワークショップを開いている。

私たちも動き つながり広げる――◇

「みんなと出会う中で、やりたいことを引っ張り出してもらえた」

藤田佳児さん（62歳）は手ぶりを交え、自分の経験を熱のこもった口調で語った。

藤田さんは認知症と診断されて1年足らずの2020年3月、宇治市の京都認知症総合センターの非常勤職員となった。技術者だった経験を生かし、客からの注文を受けて木工製品を製作している。

半年前に開かれた「市認知症アクションアライアンス　れもねいど」（事務局・宇治市）関連の集い。市民や福祉、企業、行政などが一体となり、サポート体制の充実を図っている。この日は専門職や市民ボランティア、大学生らが藤田さんを囲み、自分たちに何ができるかを考えた。

藤田さんは認知症の診断後、ピアサポート（仲間同士の支え合い）の相談窓口を開く伊藤俊彦さん（78歳）と知り合い、他の認知症の人と小カブ収穫するなどの取り組みに参加して「何とかなるかもしれない」と思えるようになった。京都認知症総合センター内の認知症カフェの席で「何がしたいかを一緒に考えましょう」と誘われ、非常勤職員となった。木工をすることが楽しく、喜びになった。藤田さんは「積極的につながる大切さを自らの姿で示したい」。今度は自分がつながりを広げる番だと。

宇治市では、認知症の診断を受けてから介護サービスが必要になるまでの間にケアがない状況を変えようと、さまざまな仕組みがつくられてきた。最初の一歩は２０１２年12月、京都府立洛南病院の森俊夫医師らが企画して開かれた初めての認知症カフェ。

当時は認知症と明かせない人が多く、市民にカフェを開放してよいのか不安と葛藤があった。ただ、認知症の本人たちは、同病院で始まったテニス教室に参加して、認知症を気にせずに楽しく過ごせる場があることを知った。無理解で無遠慮な言葉に傷つく怖さはあったが、「認知症への見方を変え、テニスコートと同じ笑顔の世界を外につくれるかも」と期待した。当日は本人や家族、市民ら約70人が集い、なごやかに会話やコンサートを楽しんだ。その後も回を重ね、本人たちは自ら語るようになっていった。

カフェは行政を動かした。カフェに参加した山本正市長（当時）は２０１５年3月に全国の自治体で初の「認知症の人にやさしいまち・うじ」宣言を発表、「宣言によって行政に施策を進めていく覚悟ができた」（森医師）。翌年3月にアクションアライアンスを設立。現在は企業・事業所だけでも金融や宅配、農業、小売りなどの82団体が加盟する。

10年の歩みを経て、関係者は「まだ一部の人しか恩恵を受けられていない」と課題も見据える。診断に絶望して何もしようと思えなかったり、背中を押す家族がいなかったりすれば、仕組みがあってもたどり着けないからだ。

行政、企業、専門職、市民――どんな立場にいても、認知症の人たちとつながり、自分の問題として取り組むことができる。本人や家族だけで抱え込まない社会に向けて、まず最初の一歩から。

長いお別れ　大切な人思う心失わず

映画監督　中野量太さん

父ならではの愛情は、決して失われることはない。この大切なことが演出で揺るがないよう、中野さんは自身の台本の裏に「認知症は記憶は失っても心は失わない」との一文を書き込んで撮影に臨んだ。

「長いお別れ」は、家族が少しずつ前に進んでいく7年間をユーモアも交えてつづる。家族がくじけそうなとき、父の温かさに支えられる場面を随所に盛り込んだ。

母は自宅からいなくなる父を探し回ることを重ね憔悴《しょうすい》していたが、電車内で父から突然プロポーズされ、うれしさのあまり、涙ぐむ。このシーンも中野さんが脚本に追加した。十数年前にテレビ番組で見た実話を踏まえたという。

妻は暴れる夫に限界を感じていたが、夫がふと「おまえを親に紹介したい」とつぶやいた。妻は「何を言っているんですか」と照れたが、最後に「私がこの人を（最期まで）送ってあげたい」と話した。

「たった一言で奥さんは救われた。強烈に素晴らしいエピソードだった」

中野さんは映画監督として、さまざまな関係にある家族が、それぞれに絆を見つめ直す姿を優しい目線で描き続けてきた。代表作「湯を沸かすほどの熱い愛」（2016年）は、余命宣告を受けた母が血のつながりのない〝家族〟を大きな愛で包み込む物語。「浅田家!」(2020年)は、東日本大震災で津波の濁流で汚れた写真を手掛かりに身内を失った人の家族への思いを描いた。

自身のオリジナル脚本で家族を描いてきた中野さんが、初めて原作を映画化したのが「長いお別れ」。原作を読んで「認知症の人の家族は〝支える〟ばかりじゃない。希望や優しさ、家族のつながりなど、認知症の人から与えてもらうことがたくさんあるとあらためて思った」という。

家族が言葉で伝えることが難しい父と心を通い合わせることができたのは、家族で築いてきた絆があるから。俳優を集め、台本にはない発症5年前の父の誕生日会をやってもらうなど、スクリーンには映らない家族の歩みを意識した。

中野さんの母方の祖母も認知症だった。大学生だった当時は下宿で1人暮らしをして、週末に祖母と母が同居する京都市伏見区の実家に帰った。祖母は一時期、何度も自宅からいなくなって警察に捜索してもらったり、忘れることにいらだって母をたたいたりすることがあった。そんな祖母が亡くなった時、母は泣き崩れた。孫の立場から見て母は苦労ばかりしていたと思っていたが、つらさばかりでなかった。祖母と母が親子として向き合い、一緒に歩んで深めた愛情の強さに気付いた。

「つらさだけでない部分を描くことに絶対の価値がある」

「長いお別れ」にユーモアを盛り込み、家族それぞれを明るく描くことにためらいはなかった。「そのような甘いものじゃない」との批判は覚悟の上だった。そんな中野さんが各地の上映館でサイン会を開くと、観客が列を作った。母と同じような経験をしていた多くの人が「家は同じ状況だけど、希望が見えた」「時間をかけてお別れできるのは幸せですね」などと、認知症の人に〝支えられた〟家族への共感を語ってくれた。

映画のタイトルは、認知症が英語で「ロング・グッドバイ（長いお別れ）」とも表現されることから付けた。少しずつ記憶が失われ、長い時間をかけて近しい人からお別れをするから「長いお別れ」。「もし自分が記憶が失われていくことになったのなら、死にたいと思うかもしれない。でも、長いお別れをしてくれる家族がいれば、幸せな最期の迎え方の一つになると思うんです」

《映画「長いお別れ」》　原作は中島京子の同名小説。父・昇平（山﨑努）の70歳の誕生日会。久しぶりに集まった娘たちは母・曜子（松原智恵子）から父が認知症になったと告げられた。夢も恋愛もうまくいかず、思い悩む次女・芙美（蒼井優）と、夫の転勤で息子と米国に移り、慣れない生活に戸惑う長女・麻里（竹内結子）。父が巻き起こす思いもよらない出来事の連続に驚きながらも、父の変わらない愛情に触れ、少しずつ前に進んでいく。２０１９年公開、１２７分。

なかの・りょうた　１９７３年東京都生まれ。６歳で父を亡くし、母と伏見区に移った。日吉ケ丘高を経て京都産業大を卒業後に上京、日本映画学校（現・日本映画大学）などで学んだ。２０１２年の自主長編映画「チチを撮りに」がベルリン国際映画祭で注目され、「湯を沸かすほどの熱い愛」「浅田家！」でそれぞれ日本アカデミー賞の優秀作品賞、優秀監督賞などを受賞。

Photo Story

認知症50年

認知症の50年の歴史を12枚の写真でたどる。各時代の大切な出来事を、ゆかりがある人や場所で状況を再現して撮影した。関連する実際の場面もある。物についても、実物や近い物を探して撮った。

日本は1970年に「高齢化社会」(高齢化率7%超)に突入した。
1994年に「高齢社会」(同14%超)、2005年に「世界一」、
2007年に「超高齢社会」(同21%超)となった。
2025年は30%と推計されている。

1972年

今から半世紀前、有吉佐和子の小説『恍惚の人』(新潮社刊　版元品切れ、文庫版刊行中）が出版され、ベストセラーになった。認知症とその課題を世間に知らしめた。

主人公の女性は、夫の父親が認知症になり、介護を引き受けた。家を出て、遠くまで歩く。何度もご飯を食べたがる。就寝中に失禁する。介護に苦労を重ねた。福祉事務所に相談したら、「主婦の方に、しっかりして頂《いただ》くより方途《ほうと》がないんです」と言われた。認知症の人とその家族への社会的な支援はほとんどなかった。

一方、認知症への理解も進んでいなかった。小説では、老いへの嫌悪感が繰り返し描かれ、認知症の負のイメージが広まった側面もある。

社会の関心は高まったが、国は対応の難しさから寝たきりの高齢者への対策を先行した。

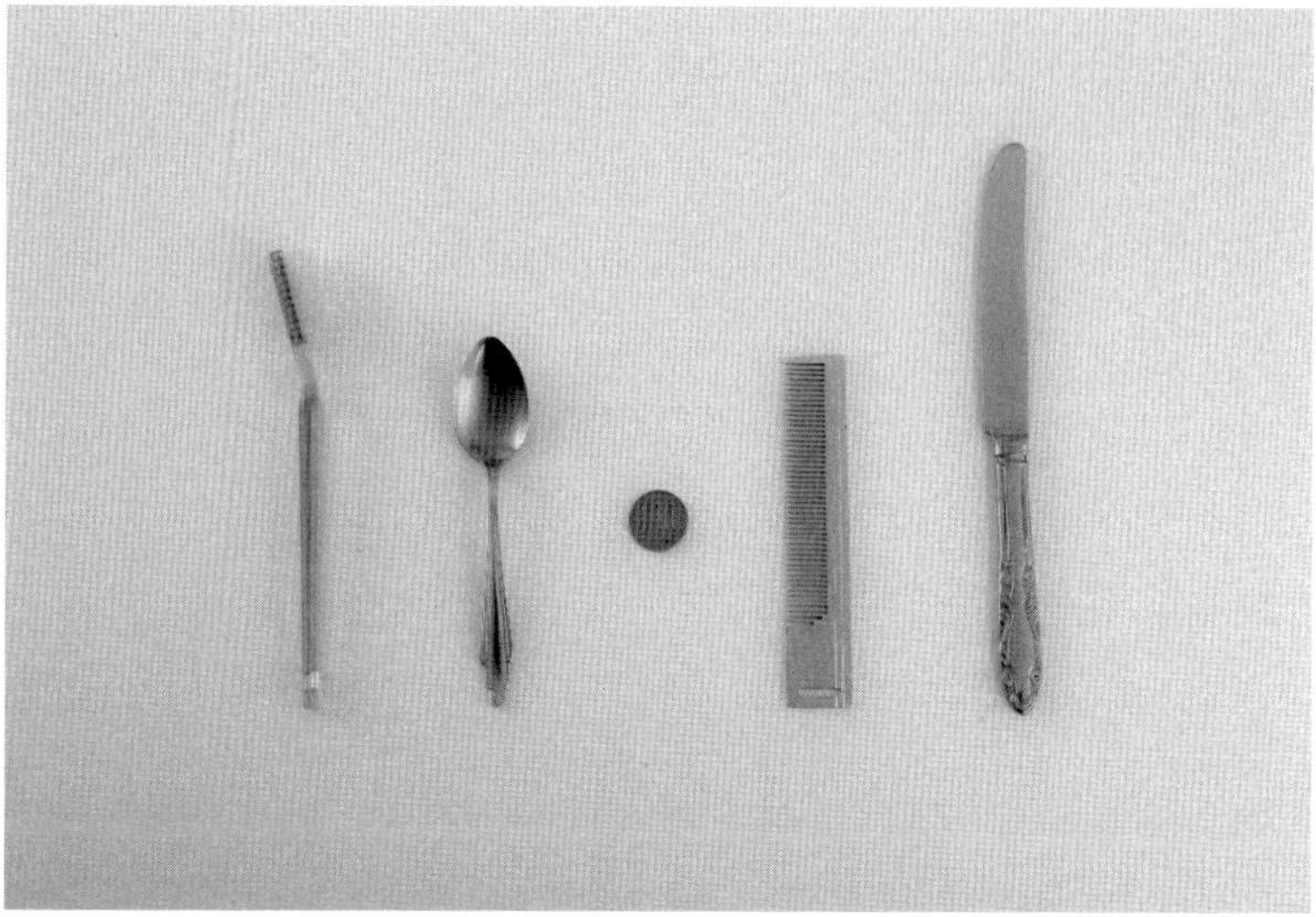

1974年

「これから五つの物品を見せます。それを隠しますので何があったか言ってください」

認知症を検査する「簡易痴呆診査スケール」(現在の名称は長谷川式認知症スケール)が発表された。冒頭の問いは、経験や学習したことを覚える記銘力をテストしている。ほかにも時間や場所を認識する力などを調べる。それまで基準となる検査がなかったため、医師の長谷川和夫さんを中心に開発され、現在も全国の医療機関で改訂版が使われている。

この間、脳画像検査なども広がったが、洛西口ようこメンタルクリニック(向日市)の中村陽子医師は、長谷川式の検査を本人や家族の様子を知る大切な機会とも考えており、その後の支援の検討に役立てている。

翌年の1975年、米国のフォルスタイン夫婦が世界中で使われている「MMSE(ミニメンタルステート検査)」を公表した。

1977年

京都・西陣で先駆的な地域医療を行っていた医師の早川一光さんが往診先の町家で「座敷牢《ろう》」と出合ったと京都新聞のエッセーにつづった。

鍵のかかったふすまの向こうから、寝間着姿のおばあさんが早川さんをじっと見つめた。一人娘は「こんな母じゃなかったんです。それは先生、しっかりもんで、町内でも評判でした。それが今は夜中じゅう、出してくれ、助けてくれぇと、壁をたたいて大声をあげるんです」と言った。

精神科病院や老人病院でもベッドの上で手や腰を縛られたまま寝かされているだけだった。認知症を「痴呆」と呼んだ時代。誰にも言えず、医療や福祉からの助けも受けられず、隔離と拘束につながっていた。本人と家族が困難を引き受けていた。

1979年

京都市で初めて認知症の人を介護する家族の集いが開かれ、5家族が参加した。笑ったり泣いたりしながら語り合った。お嫁さんが世話しているケースが一番多く、次が妻と娘だった。介護はほとんどを女性が担っていた。医師の早川さんが提案して開かれていた「ぼけ相談」で、医師の三宅貴夫さんが参加者に集いの開催を呼びかけた。

集いは毎月続き、1980年の「呆け老人をかかえる家族の会」(現・認知症の人と家族の会)の発足につながった。反響は大きく、設立後には全国各地に支部が誕生。集いや電話相談、会報を通じてお互いを支え合うほか、実態調査や行政への要望活動を行い、「もっと社会の手が差しのべられるべき。もっと政治の光があてられるべき」と訴えた。

1970年代から80年代に世界各地で認知症の団体が誕生し、1984年には国際アルツハイマー病協会が設立された。

1986年

特別養護老人ホーム「原谷こぶしの里」が開所した。老人ホームがなかった京都市北区、上京区は悲惨な生活のお年寄りが増えていた。ホーム建設の住民運動が起こり、2100人が1億円を出し合った。

直後から認知症の人が入所した。ケアの方法は確立されておらず、職員は精神科医の小澤勲さんの学習会で学び、自由闊達《かったつ》に意見を出し合った。「認知症による行動にも意味がある」「価値観を尊重する」。寄り添う方法を模索した。「職員が楽しくないと認知症の人も楽しくない」ことも分かった。一緒に洗濯物を畳んだり、料理したり、暮らしを大切にした。

夏祭りでは花火の輝きを見つめた。職員が書いた本には「(認知症の)お年寄りは豊かで美しい心を持っておられます」と記されている。

同年、厚生省に初めて痴呆性老人対策推進本部が設立され、認知症の施策にようやく日が当たり始めた。

1989年

大蔵、厚生、自治の3大臣の合意で、高齢者保健福祉推進10カ年戦略（ゴールドプラン）が策定され、福祉サービスが急速に拡充された。ホームヘルパー10万人、デイサービスセンター1万カ所などの目標が盛り込まれ、国は在宅介護の充実を目指した。

同年、64歳でアルツハイマー型認知症と診断された京都市左京区の谷口君子さんは、1993年からホームヘルパーのサービスを受け始めた。縁側に座り、「死にたい」と言っていたが、ヘルパーは歌や折り紙など君子さんの得意なことを見つけ、家族も一緒に楽しい時間を過ごせるようになった。君子さんは笑顔を取り戻した。夫で医師の谷口政春さんは「認知症になっても生き生きと暮らせるという希望を持てた」と振り返る。

当時は緩やかだったケアの内容は、2000年に始まった介護保険で細かく決められ、利用者にゆっくりと寄り添うことは難しくなった。

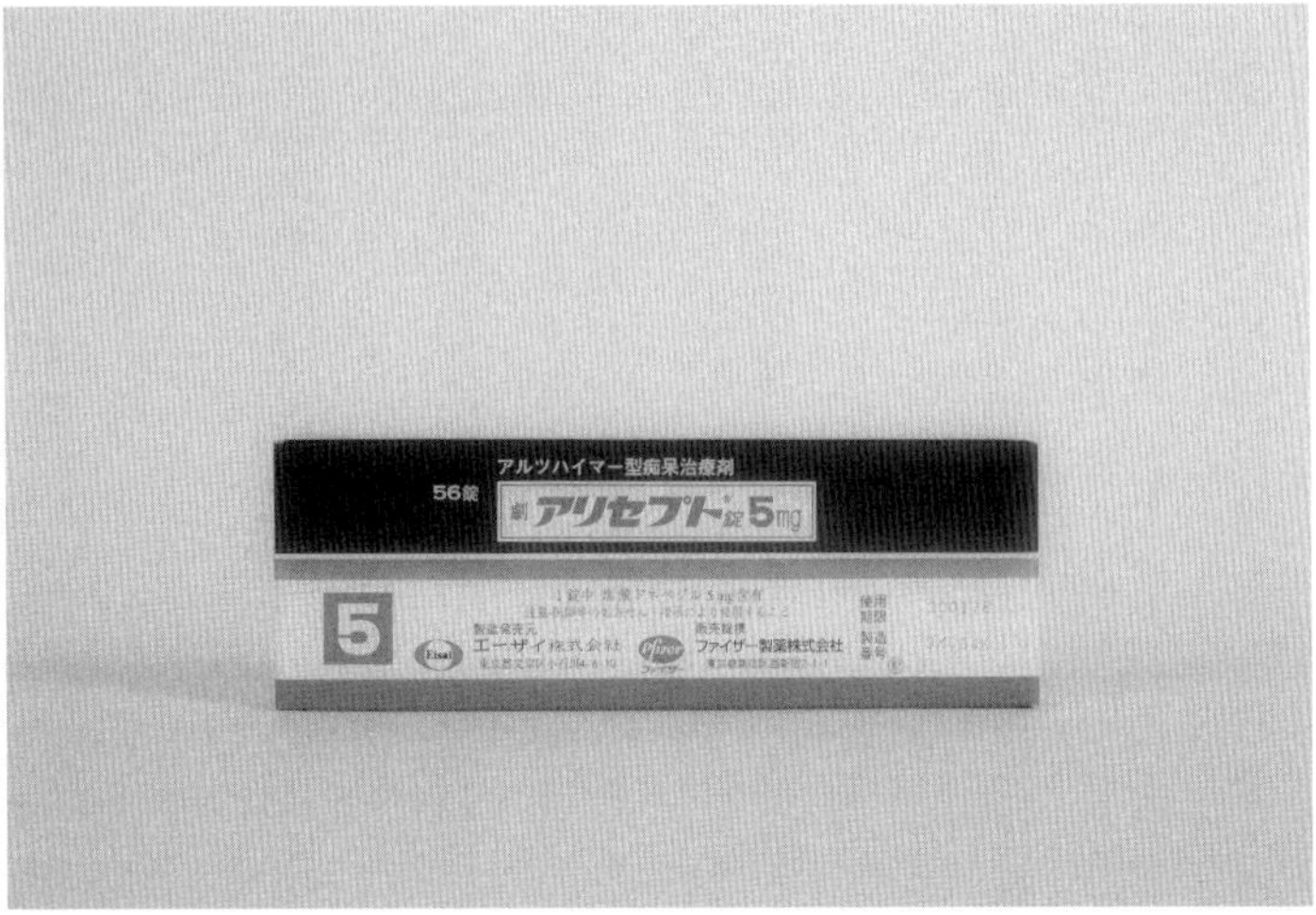

1997年

製薬大手のエーザイが、アルツハイマー病の記憶障害を緩和する初めての薬「アリセプト」を米国と英国で発売した。認知症を治すことはできないが、脳の神経伝達物質が壊れるのを抑える。1999年に日本でも発売開始し、世界でもよく使われる薬になった。

認知症を根治する薬は現れていない。2022年、エーザイと米バイオジェンは、開発中の新薬「レカネマブ」が早期のアルツハイマー病の悪化を抑制すると発表した。脳内でアルツハイマー病の原因とされる異常なタンパク質（アミロイドベータ）に結びついて脳外へ運び去る。原因に働きかけ、進行を遅らせる新しいタイプの薬で、 2023年1月に米国で承認された。エーザイは日欧でも同年内の承認を目指す。

ダメージを受けた脳を元に戻すことは難しいため、現在は、認知症が発症する前からアミロイドベータの蓄積を抑える「先制医療」が重要視されている。早期発見の検査体制や高額な医療費などが課題となる。

2000年

高齢者の介護を社会全体で支える介護保険制度が始まった。年金、医療保険に続く新たな社会保障制度で、40歳以上の国民が保険料を支払い、要介護認定を受けた利用者は1割の利用者負担でさまざまな介護サービスを利用できるようになった。

前後して、認知症の人のためのデイサービスやグループホーム、通いと宿泊と訪問のサービスを組み合わせて受けられる小規模多機能型居宅介護などの整備が進み、住み慣れた家や地域で尊厳を保ちながら暮らせるサービスも根付いてきた。

制度開始から20年が過ぎ、高齢化はさらに進行した。利用者は増え、保険料や利用者負担が増加。国は制度を維持するために軽度の人のサービスを縮小している。しかし、認知症の人の中には実際の生活で助けが必要でも軽度と認定されるケースもある。十分な介護サービスを受けられない人が出ている。

2004年

京都市で開催された国際アルツハイマー病協会の第20回国際会議で、認知症の本人が登壇した。2000年ごろから、世界各地で本人が公の場で語り始めていた。

オーストラリアのクリスティーン・ブライデンさん（55歳）は「私たちが目に見える存在になることで偏見を打ち砕ける。私たち抜きには何もはじまらない」と訴えた。日本人で初めて実名で国際会議に立った越智俊二さん（57歳）は「安心して普通に暮らしていけるように手助けをしてください」と語った。

彼らは、偏見が認知症の人と社会との間に壁を作っていること、正しい理解と支援があれば生き生きと暮らせること、そして、認知症の人が尊厳を持った一人の人間であることを示した。

これを契機に、本人の思いを尊重することがケアの基本へと変わっていった。また、本人たちが政策の立案にも関わるようになっていった。

痴呆の呼称「認知症」に

厚労省 行政用語変更へ

2004年

国は「痴呆」という呼称を「認知症」に変えることを決めた。

厚生労働省の検討会は、痴呆には「あほう」や「ばか」という侮蔑的な意味があり、「何も分からなくなる」という誤ったイメージや、恐怖心や羞恥心を増幅していると指摘した。早期診断の支障になり、尊厳を守る上でも問題があった。

新しい名称の認知症は、覚える、見る、聞く、話す、考えるなどの知的機能を総称する「認知」という言葉がさまざまな障害がある本質を捉え、「症」は進行性で状態が固定していないことを表している。

検討会は、認知症の誤解や偏見をなくす重要性や施策の推進も求めた。厚生労働省は翌年の2005年から「認知症を知り地域をつくる10カ年」を開始。講座で認知症について学び、認知症の人や家族を手助けする「認知症サポーター」の養成を全国で始めた。現在、その数は1400万人に上る。

2007年

12月7日、愛知県大府市のJR共和駅で高井良雄さんが列車にはねられ、亡くなった。91歳だった。

高井さんはアルツハイマー型認知症で、家族が目を離した数分の間に自宅から外出し、駅のホームから線路に降りたとみられる。

JR東海は、家族に事故の損害賠償を求めて提訴。一審、二審は、家族に支払いを命じた。民法は責任能力のない人が与えた損害は「監督義務者」が賠償すると規定しているが、事実上、法の想定外だった認知症の人に当てはめて判断を下した。

認知症の人の外出を恐れさせ閉じ込めた時代に時計の針を戻しかねない判決だった。認知症の人が安心して地域で暮らすことを目指す国の施策とも逆行していた。長男の隆一さんら家族は最高裁まで戦い抜き、賠償責任はないとの初の判例を勝ち取った。

裁判は社会の関心を集め、その後、多くの自治体が認知症条例を制定し、行方不明の対策や損害補償の保険制度を始める契機となった。

2019年

和歌山県御坊市が「認知症の人とともに築く総活躍のまち条例」を施行した。

市や市民、事業者は認知症の人が暮らしやすいまちをつくると掲げ、認知症の人の発信や社会参加を明記。誰もが「活躍」できるまちを目指す。

活躍は大それたものではなく、それぞれがやりがいや楽しみを感じられる場所を行政や福祉関係者、地元住民らが協力して作る。住民が開放した農園で認知症の人が野菜を作り、販売や子ども食堂に寄贈している。ある認知症の人は銭湯のシャンプーとボディーソープが区別しづらいと発言。銭湯の店主は「頭」「体」と油性ペンで大きく書いた。

◆

認知症の人が暮らしやすいまちは、誰もが暮らしやすいまちだ。そして、誰もがそんなまちをつくることに参加できる。

第6章

温かな社会

家族頼み 介護押し付ける社会――◇

小説『恍惚の人』が1972年に出版され、認知症は日本でも広く知られるようになった。それから半世紀。温かな日差しが降り注ぐこともあれば、冷たい風が吹くこともあった。でも、私たちは一歩ずつ認知症の人が安心して暮らせる社会へと歩んできた。ならば「ゆくえ（行く末）」はどうか。私たちの足元を見つめ、未来を考えたい。

介護者支援に関わる福祉職にとって忘れられない事件がある。2006年2月に京都市伏見区で起きた介護殺人事件。認知症の80代＝当時＝の母を一人で介護してきた50代男性＝同＝が母の同意を得た上で首を絞めて殺害し、自身も包丁で首を切り自殺を図った。

男性は介護のために仕事を辞め、介護費も家賃も払えなくなり困窮したという。裁判長は執行猶予付きの有罪判決とした上で「介護制度などの在り方が問われている」と行政の支援態勢に疑問を投げかけた。

男性は事件前日、母が慣れ親しんだ市内を車いすに乗せて案内したという。介護殺人に詳しい日本福祉大の湯原悦子教授（52歳）は「愛情の強さから『自分がやらなければ』と抱えるも疲れ、先行きも悲観して心が折れる。加害者は生きる気力を失い、事件後に自死することも多い」と話す。

悲しい事件は後を絶たない。湯原教授が全国の新聞38紙の報道を調査したところ、配偶者や親子関係の親族が介護する60歳以上を殺害または心中した事件は１９９６年から２０２０年までに年間40件前後で計９８１件。子による親の殺害が全体の半数を占めた。

「要介護者が昼夜逆転したり行方不明になったりして、家族は常に目を離せず一気に疲弊し、追い込まれていく」と湯原教授。これらの行動は認知症初期で身体的な障害を伴わない要介護１、２の人に多く、長期間続く行動でないことや、本人を落ち着ける効果的な接し方を専門職が家族に助言することが必要という。

ところが国は、要介護１、２の人を「軽度」と位置付け、介護保険サービスから切り離そうとしている。２０２２年、厚生労働省社会保障審議会の部会で、要介護１、２の訪問介護や通所介護を、ボランティアら非専門職が担う市町村の「介護予防・日常生活支援総合事業（総合事業）」に移す案が議論された。

該当者は全国で約２６１万７千人（２０２２年10月時点、京都府約６万２千人、滋賀県約２万８千人）で、要介護（要支援含む）認定者の４割にも上る。国は財政難を理由に社会保障費の圧縮になりふり構わない。年末の部会で２０２４年度改定での適用は見送られたが、次の２０２７年度改定に向け「引き続き検討」とされた。

介護保険制度は２０００年の施行以降、サービス縮小と利用者の費用負担増につながる改定を繰り返した。その一方で現在、仕事を辞め介護に専念する「介護離職」に追い込まれる人は年間10万

要介護度別認定者の比率

（2022年10月末時点、厚労省集計より）

人に上る。家族の介護で重い負担を抱え、自分の将来をあきらめざるを得ない子どもや若者もいる。

伏見の介護殺人事件で男性は母の首に手をかける直前、「もう生きられへんのやで。ここで終わりやで」と話し、母は「そうか、あかんか」と答えたという。

高齢者に「集団自決」を求めた若手経済学者の発言が論議を呼んだ。認知症の本人や家族だけに重い負担を「自己責任」として押し付け、見て見ぬふりをする社会は、すでに「自決」を強要している社会なのではないか。

Q介護保険、どう運用すればいい？
「公的負担積み上げ必要」鈴木森夫さん

介護保険制度施行以降、サービス縮小や利用者らの負担増が続く。「認知症の人と家族の会」代表理事の鈴木森夫さん（71歳）は「社会保障費の財源論における『世代間対立』を乗り越え、公的負担の拡大が必要だ」と強調し、次のように話す。

要介護1、2を介護保険の対象外とするなど介護サービスを利用しにくくする「史上最悪の改定」は、ひとまず避けられた。

要支援を含めた介護認定者全体の6割を対象としたサービスを、ボランティアら非専門職による「安上がり」の総合事業に担ってもらい、専門職は要介護3以上に限るとしていた。厚生労働省社会保障審議会に委員を出す私たち「認知症の人と家族の会」や医師会、介護施設など各団体の他、総合事業の受け皿とされた地方自治体からも反対が相次いだ。

政府や財務省はあきらめていないが、今回の議論を巡って厚労省に提出した反対署名は約11万筆と過去最多になった。現役世代からも「親の介護が必要となったとき、使い物にならない制度では困る」と将来を見据えた声が多く寄せられ、勇気づけられた。

少子高齢化で膨らみ続ける社会保障の財源を巡り、国は「世代間対立」をあおってきた。経済財政運営の基本方針（骨太の方針）などで「社会保障給付が高齢世代に偏り、現役世代に薄い」として、子育て支援など若者向けの施策の比重を高め、高齢者に応分の負担を求めようとしてきた。しかし、認知症や介護にまつわる問題は本人やいま介護している家族だけのものではない。

現役世代の介護離職は年間10万人に上る。認知症で言えば要介護度が重い人の介護で多いわけでなく、むしろ初期の要介護1、2の時期で起きやすい。家族がまだ周囲からの支援の受け方もよく分からず、「この程度で職場に迷惑をかけられない」と思いやすい。

デイサービスに行きたがらない本人を促すために出勤が遅くなったり、トラブルの連絡を受けて早退したりを繰り返すうち、追い込まれる。子世帯が遠方から通う介護も当たり前になったが、支えるサービスは乏しい。

企業にとっても40～50代の中核の社員が介護離職でいなくなる損失は非常に大きいだろう。

介護保険の財源割合は国や自治体で半分、保険料やサービスの自己負担で半分と枠組みが決まっている。国は「持続可能な制度にするため」として、使えるサービスの幅を狭めると同時に、利用者負担や保険料を引き上げ、抑制してきた。しかし、負担引き上げはもう限界という声は自治体などからも上がっている。

従来の財源割合の枠組みを見直し、公的な負担を積み上げる必要がある。医療や介護の世界だけを考えて議論するのでなく、高齢化を迎えた社会を活性化するための投資という観点で考えるべきだ。

「外に出ること」が生きる糧に――◇

冷え込みの厳しさが増していた2022年冬、京都市内の山中で、2週間以上行方不明だった認知症の80代男性が亡くなっていたのが見つかった。住まいのある市街地から山道に迷い込み、5キロ以上を歩き、斜面で足を滑らせたとみられるという。

警察庁のまとめによると、認知症やその疑いがあり、行方不明者として届け出があったのは2021年に1万7636人で前年から71人増だった。統計を取り始めた2012年以降、過去最多を更新し続け、2012年の1・8倍にまで増えている。男性のように亡くなって発見された人は2021年に450人いた。

行方不明者の早期発見に向け、京都市をはじめ各自治体や地域は本人の情報を事前登録し、行政機関や事業所などの連絡網で探す「SOSネットワーク」を運用。家族が位置情報を把握する衛星利用測位システム（GPS）の利用も広がっている。その一方で、命を守ろうとするあまり、家に閉じ込めて外出できないようにする傾向も根強い。

神戸大医学部付属病院認知症専門外来の古和久朋教授（52歳）は「本人が活動的に運動したり、誰かとコミュニケーションを取ったりして社会性を維持することは本人の認知機能にとってとても意味があること」と強調する。

兵庫県丹波市で1年半をかけ、認知症でない高齢者100人に運動教室を実施、参加しなかった100人と比較したところ、運動したグループは集中力や注意力が改善した。外出が認知症の進行を緩やかにするとのエビデンス（科学的根拠）はまだないが、古和教授は「経験からは、診察室で応答がにこやかになり、非常に言葉数が増えた人がいる」とする。

外出は身体や生理面だけでなく、精神面にも作用し、社会やコミュニティーの中で自分の存在を

認知症の人の将来推計と行方不明者数の推移

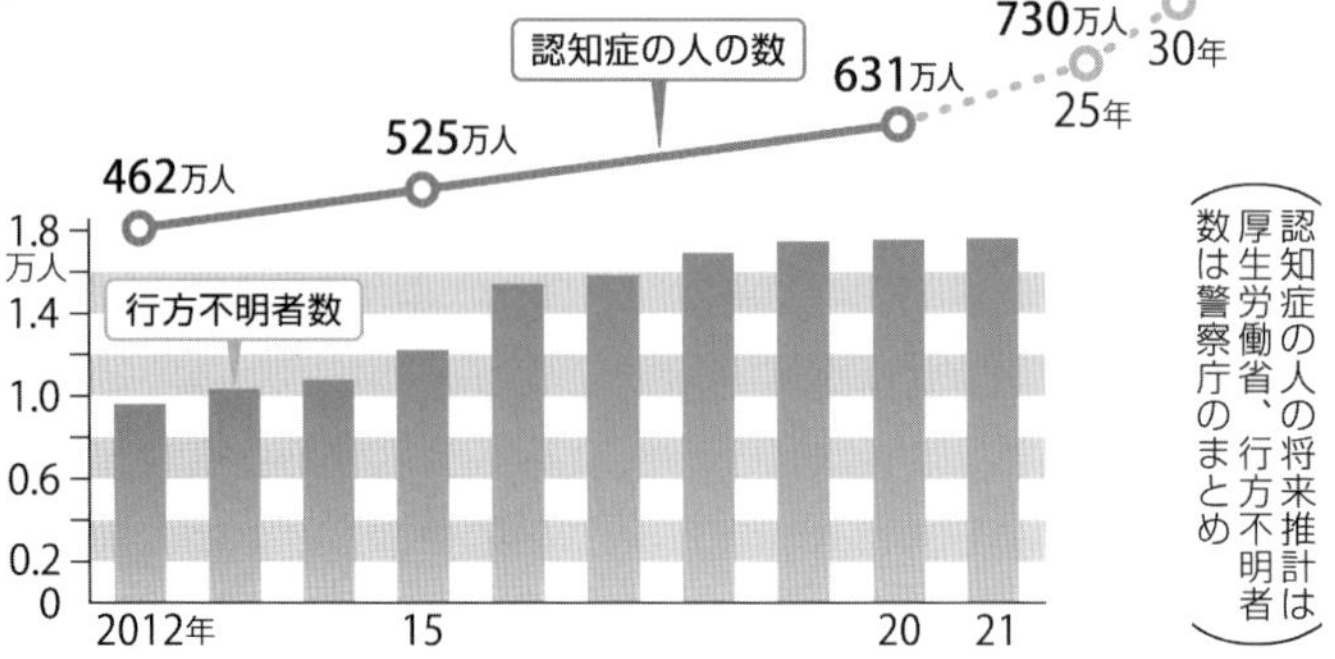

（認知症の人の将来推計は厚生労働省、行方不明者数は警察庁のまとめ）

確認することができる。「出かけられないと生きる気力がしぼんでしまう。自分の生きる糧」と話す認知症の人もいる。

厚生労働省も認知症の人が安全に外出できる地域づくりを呼び掛けている。ところが、2021年12月の全国調査結果によると、国が推奨する認知症の人向けのヘルプカード普及に積極的な市区町村はわずか3%。半数は自治体の担当者がカードの存在そのものを知らなかった。無関心ぶりが際立つ。「本人が（心配する家族らに）外出を止められる」との回答も医療機関の8割を占めた。

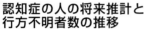

周囲の手助けだけでなく、本人の対応力も高めれば、行方不明防止対策にもつながる。認知症介護研究・研修東京センターは、認知症の人向け「希望をかなえるヘルプカード」を開発。「操作を教えてください　セルフレジで支払いしたいです」などと、本人の希望と協力してほしいことを自由に書き込む。

「出先の銀行で嫌な思いをしたり、レジでうまく対応できなかったりといったトラブルで混乱したまま、どんどん歩いていってしまう。本人が安全に外出できる力をつけ、自信を積み重ねることが欠かせない」（同センター）。

認知症の人が外出しやすいまちは、高齢者や子ども、妊婦、さまざまな困難を抱える人たちにとっても外出しやすい、外出したいと思えるまちだ。まちの構造（ハード）を変えるのはすぐには難しいが、人（ソフト）でできることはたくさんある。

Q 誰もが外出しやすいまち、どうつくる？
「ご近所で見守り、応援を」松本恵生さん

誰もが外出しやすいまち、外出したいと思えるまちは、どのようなまちなのか。駅ホームを会場に認知症の本人たちが楽しく過ごす「駅カフェ」など、認知症の垣根を取り払う取り組みを進めている京都市岩倉地域包括支援センター長の松本恵生さん（53歳）は、経験の共有と、地域での声掛けや店舗などでの誰もが利用しやすい工夫などを提案する。

認知症の人が増え、独り暮らしも多くなる。行方不明者の数は、これからも増えていくだろう。社会には認知症イコール「徘徊」する人で、外に出ずに自宅にいてもらいたい、と考える風潮が根強いと思われる。しかし、それでは行方不明者の増加には対応しきれない。

認知症の初期の人は、多少迷いながらでも外出してもらった方が症状の進行を遅らせること

ができる。症状は初期から重度まで幅広く、全ての人に見守りが必要なわけではない。初期の人が電車やバスに乗り、自由に出掛けてもらえるまちづくりを目指した方がいい。

自宅に閉じこもったままだと筋力は落ち、楽しみも生まれにくく、症状は進行していく。人と会って話し、笑うという、今までやってきた当たり前のことを続けることが大切だ。

そのためには、失敗があっても周りが声をかけたり、地域で見守ったりすることが欠かせない。特に「ご近所さん」に本人を知ってもらいたい。みんなで応援したら、地域で暮らしていくことができる。離れて暮らしている家族も安心できる。外出は人としての尊厳にもかかわる。「あすは自分かも」と考えて応援してほしい。

スーパーや銀行なども、認知症の人が来店することを想定して対応力を付け、顧客として利用を続けてもらうことを考えてほしい。少しサポートすればうまくいく人はたくさんいる。

地域の人で行方不明者を探す「ＳＯＳネットワーク」も、定期的に「なぜ必要か」を繰り返し話し合うことが必要だ。その際、認知症の人から外出への思いを聞けば、訓練より効果があるだろう。自分が発症したときに「住んでいてよかった」と思える地域をどうつくるのか、住民に何ができるのかを一緒に考え、膝を突き合わせて話してほしい。

本人には失敗を恐れず外に出てほしいと言いたい。迷ったり転倒したり、出先で失敗して嫌な思いをしたり。事故に遭うかもしれない。リスクはあるけども、恐れて家でじっとするのが最も良くない。

発症間もない頃に一人でいろいろな失敗を経験し、誰かに聞くなどして乗り切った経験があるはずだ。困りごとや乗り越えた工夫を周囲に伝えてほしい。困りごとや工夫を共有できれば、迷っている人にどう声をかけるべきか、店舗などでどのような工夫をしたら戸惑いにくいかを考え、地域と社会が変わるきっかけになる。

繰り返す災禍 変わらない対策

災害は人々を分断し、困難を抱える人にさらに重い困難を背負わせる。新型コロナウイルス禍は、まさに災害だった。

流行「第6波」の2022年2～4月に「認知症の人と家族の会」（京都市上京区）などが行った全国調査。認知症の人や家族が新型コロナウイルスに感染または濃厚接触者となったとき、病院や自治体の宿泊療養施設への入院入所を拒否されたり自宅への訪問介護サービスが途絶えたりするなど、半数の世帯が「対応が大変だった」と回答した。3分の1が外出が制約されて「認知症の程度が進んだ」という。

同居の家族が感染しても本人の受け入れ先がなく、感染リスクを承知で家族が介護を続けるなど、本人と家族が「共倒れ」しかねなかった。2人とも認知症のある夫婦が同時に感染、訪問介護・看護が途絶えて見守る人がいなくなり夫が大けがを負うなど、独り暮らしや「認認介護」の世帯が孤立した状況も報告された。

政府は社会経済活動の再開に躍起となり、２０２３年5月に新型コロナを季節性インフルエンザと同等の「5類」への引き下げを実施。しかし、浮き彫りにされた課題も忘れ去ろうとしていないか。

２０１１年の東日本大震災。「食糧もなくトイレも入浴も満足にできない状況で、不安から奇声を上げたり、迷子になったりする恐れがある」。京都市の介護福祉士の女性は不安を感じ、避難所で認知症の人に接するボランティアに行こうと考えた。しかし、前例のない災禍で認知症の人のケアまで支援が追いつかなかったのか、受け入れ先は見つけられなかった。

10年余を経て、現在は専門的なケアの必要な高齢者らの受け入れ先として介護施設などに開設される「福祉避難所」の指定が進んでいる。ただ京都府内の自治体の多くは福祉避難所に向かう前に一般の避難所に行くよう求める。職員がその場で福祉避難所が妥当かを判断するためだが、介護福祉士の女性は「他の避難者への影響を考えて避難自体を控える家族もいることに考えが及んでいない」と指摘、「根本的に変わっていない」と憤る。

介護事業所「きょうと福祉倶楽部」（長岡京市）代表の有田和生さん（64歳）は、東日本大震災で被災したヘルパーから「行政が介護事業所と連携していたら、介護事業所から避難用に車いすを載せられる車を出せた」と聞いた。当時はガソリン不足が深刻で、行政からの依頼もない状況では出車は困難だった。有田さんは「事前の備えが必要」と痛感した。

コロナ禍での認知症の人と家族の影響調査結果（抜粋）

- 症状（混乱や幻覚）が悪化
- 認知症の人は宿泊療養施設の利用不可と言われ、困った
- マスク着用できず、通所施設から利用を控えるよう求められた
- 施設で家族が面会できず、本人に不安を与え認知機能が低下。臨終にも立ち会えなかった
- 介護家族が感染しても本人を避難させる場所がない
- 体調の変化をうまく訴えられず、周囲が気付きにくい

有田さんは以前、行政に介護事業所との災害協定締結を呼び掛けた。２０１３年の台風18号で、認知症があった寝たきりの実母が危うく自宅に取り残されそうになった苦い経験も念頭にあった。担当者と「家族が帰宅困難者になる場合も想定すべき」など具体的なケースも含めて話せたが、実現には至っていない。

「認知症や車いすの高齢者が大雨の中を一人で避難できるわけがない。どうして現場から見えてきたことを積み重ね、教訓として生かそうとしないのか」

地震、津波、原子力事故、豪雪、台風、ウイルス禍……。次の災害は必ず来て、弱い立場の人を孤立させる。災禍を繰り返していいのか。

Q緊急時、認知症の人への支援どうする?

「対応人材　平時に育成を」増本敬子さん

独り暮らしをする認知症のお年寄りから相談を受けて訪ね、医療や福祉とつなげている伏見区の認知症初期集中支援チームのメ

ンバー増本敬子さん（65歳）は〝緊急時〟への想像力を働かせながら〝平時〟に着実に支援体制を整えておく必要性を指摘する。そうすることが、もともと薄い認知症の人や家族への日常的な支援の厚みにもつながっていくという。

年間60件ほど担当しているが、コロナ禍の直近2年間で4割のケースは精神状態が不安定になり、急に幻覚や妄想の発言が多くなったという内容が含まれた相談だった。趣味やデイサービスなどさまざまな外出の機会を失ったことが背景にある。外出を控えれば身体機能が衰え、人と会わない日々によって意欲と認知機能の低下も起こる。

コロナ禍は認知機能が保たれていた人の気持ちを数年かけて侵していった。本人は精神的に不安定になり、家族もどう対応していいか分からない。職を失ったり、出勤回数が減らされたりした人も多く、認知症に関わる困難と経済的な不安で二重につらい状況に追い込まれている。

70代の夫妻のケースは残念だった。夫の認知症が進行したため、妻は苦渋の決断で夫を入院させ、症状が落ち着いて再び一緒に暮らせることを願った。しかし、ガラス越しでしか面会できず、そのまま亡くなった。手を握ることもかなわなかった。

施設も、スタッフが感染防止対策で「食べる、寝る、排せつ」の最低限に関わるだけで本人に寄り添うことが難しい。入所者は落ち着きをなくしがちだ。

コロナ禍が始まった頃、「認知症の人など社会的に弱い立場の人が社会から取り残される」

と思った。認知症の人が置かれた状況に目を向けようとしていないから、もともと社会的な支援基盤が弱い。

「来てくれればなんとかする」でなく、直接訪問するアウトリーチができる窓口が、高齢者福祉を担う地域包括支援センターと私たち認知症に特化したチームしかない。往診できる精神科医も少ない。本人が暴力的な行動をしたとき、往診なら薬剤も処方でき、本人を落ち着かせることができる。精神症状を伴う人が増え、ニーズは高まったはずだ。

これだけ高齢者や認知症の人が増えているにもかかわらず、認知症を分かっている介護人材の不足も深刻だ。人材育成が何より大事だが、時給900円台で専門性まで求められない。国は待遇面の底上げをしっかり行う必要がある。

避難所の運営も考えなければいけない。避難所では本人が不安になりやすく、迷子など二次災害の恐れもある。行政はサポートする人を準備すべきだ。必ずしも専門職でなくても、一般の人に広く接し方を学んでもらってボランティア育成を進めてほしい。

行政も個人も緊急時に認知症の人たちがどのような過酷な状況に置かれるのか想像力を働かせてほしい。いざというときの備えも意識して、平時の支援体制を整えておくべきだ。

社会の「担い手」増 持続の鍵に――◇

国連で採択された2030年までの行動目標「持続可能な開発目標（ＳＤＧｓ）」には、認知症とは明言されていないが「誰一人取り残さない」をスローガンとし、「住み続けられるまちづくりを」などを目標に掲げ、弱い立場にある人々などのニーズを特に配慮したまちづくりや社会づくりを求めている。

私たちの社会は、2030年までにそれを達成できるのだろうか。

厚生労働省の試算によると、認知症の人は2020年の631万人から、5年ごとに100万人のペースで増え、全ての団塊世代が75歳以上になる2025年に730万人となり、2030年には830万人になる見通しだ。2040年には認知症の人は953万人に達し、日本の総人口（同年に推計で1億1092万人）の1割に迫る。認知症の人の存在を、社会資源を消費する「コスト」と捉えている限り、日本の社会は持続しない。

公益財団法人「日本ケアフィット共育機構」（東京都）は、ＳＤＧｓで掲げた17の目標のうち五つを独自に認知症と関連づけ、それらの取り組みが社会全体の持続可能な発展に向けた「推進力」になるとして企業に積極的な参加を呼びかけている。

例えば、企業が認知症について知識や理解を深め、本人がスーパーなどで戸惑わずに買い物を楽しめる店づくりや接客などを進める。認知症の人の家族も安心して働ける時短勤務やテレワークなど多様な働き方を整え、年間10万人に上る介護離職防止を図ることが企業の発展に重要とする。次世代移動支援機器「パーソナルモビリティ」開発の促進など技術革新も盛り込んだ。

「認知症の人の目線で考えれば誰もが暮らしやすい社会になる。高齢者に顧客でいてもらう環境整備が企業の持続的な発展にもつながる」（同機構）と話す。

認知症の人のニーズを配慮した取り組みは、医療介護の専門家だけでなく、企業や行政、住民などさまざまな立場の人が一緒に考え、行動することが求められている。

宇治市は2016年に「市認知症アクションアライアンス　れもねいど」を設立し、市民や福祉、企業、行政などが一体となり、サポート体制の充実を図ってきた。

その一環で、本人らが茶摘みや小カブの収穫、木工の製作販売を行う機会をつくっている。本人たちの力を生かしながら働ける就労支援だけでなく、地場産業や農業など人手不足の解消も目的だ。

茶摘みに参加する認知症の男性は「イベントではない」と言い切る。男性は作業で迷惑をかけないよう、事前に河川敷の雑草で摘み取りを練習した。責任を伴い、賃金

認知症視点で見た「SDGs」の目標

① 貧困をなくそう
金融機関などで資産保全のための商品開発や従業員による見守り、消費者被害の防止

② 飢餓をゼロに
スローショッピング普及など、食材を含め買い物しやすい環境づくり

③ すべての人に健康と福祉を
運動や生活習慣病予防、社会的孤立の解消で認知症になりにくく、進行も緩やかにする習慣

⑧ 働きがいも経済成長も
家族の介護離職防止へ休業制度の周知や時短勤務・テレワークなど働きやすい環境整備

⑪ 住み続けられるまちづくりを
運転免許返納しても外出しやすい代替の移動手段確保や公共交通機関のバリアフリー化

を得る仕事を任されているという自負だ。

全国的にも、児童の登下校時の見守りなど、地域に欠かせない大切な役割を担う人が増えている。認知症の人は、社会の「コスト」ではない。本人の意欲を受け止める環境をつくり、誰もが活躍できる時代へ。持続する社会のヒントがそこにありそうだ。

Q全ての人が暮らしやすい社会つくるには?
「認知症の人の声に向き合う」永田久美子さん

国や自治体の認知症施策などに長年関わる認知症介護研究・研修東京センター研究部長の永田久美子さん(62歳)は、認知症の本人からの発信に向き合うことで社会のさまざまな課題が見えると指摘。行政がまず意識を変革し、一緒に解決を図ることで、全ての人の暮らしやすさにつながると強調する。

政府が2019年に策定した認知症施策推進大綱は、どんな社会をつくるかというビジョンに「地域共生」を掲げている。大綱は2025年を目標年とするが、あくまで通過点で、その先につながる思想が組み込まれたと評価している。

過去の計画は「やさしい地域」などと、ともすれば「提供してあげる」支援者側の論理にも映ったが、大綱は「認知症の本人が主人公」と明確に方向転換した。一つめの柱に「本人発信の支援」を位置付け、本人が思いや必要なことを伝えることが社会の理解を広げ、必要なことを実現し、社会を変えるとしている。

ただし、共生の意味や本人主体の認識が社会に浸透していない。特に地域や社会、企業を変える牽引《けんいん》役となるべき行政の意識変革が遅れている。

国が大綱の中間評価で2022年度にまとめた実現度は、本人の意見を重視した施策を展開している市町村は257と全国の15%（2021年度末時点）にとどまっている。

しかし、参考になる実践例もある。和歌山県御坊市の取り組みがその一つだ。建築物のバリアフリーをどう進めるか、買い物しやすい店舗づくりにどんな工夫ができるかなど、日常的に本人が発信できる環境をつくり、事業の企画段階からアイデアを聞いて、何をするにも一緒につくる。認知症の人が声を出して動くことで、他の人たちも活躍できる。介護施設の入所者も地域づくりの一員として、地場産業の農業の手伝いやイベントで使うグッズ作りで活躍している。さまざまな分野で、一緒になって考えている。

認知症の本人を中心に据え、医療職や介護職、地域包括支援センター、企業、住民らのさまざまな立場の人が横断で連携しながら、それぞれが活躍できるフォーメーションをつくることが欠かせない。行政のイニシアチブが重要になる。

認知症の人の発信は、子どもの暮らしにくさや独り暮らしの孤立、貧困など、さまざまな問題に向き合い、暮らしにくさを一緒に解決していくカギになる。「認知症の人のためだけに」

ではない。本人がうまく振る舞えなかったり失敗したりすることもあるから課題が目立つが、認知症の人の声を聞くことで他の人が抱えながらも一人で我慢していた問題が明らかになり、全ての人の暮らしやすさにつながる。

ＳＤＧｓから見れば、認知症の人が増えていくことを問題と捉えるのでなく、認知症の人たちの存在と力を生かしながら社会が持続可能な「超・超高齢社会」を共創していけるかどうかだろう。何か特別なことを目指すのではない。むしろ、人が当たり前に暮らすために当たり前に必要なことを日々大事につなげ、融合させる「人間共生」社会を実現できるかが問われている。

生きる不安 みんなで支える

若年性認知症の診断を受けた京都市の60代前半の男性は週2回のデイサービスに通い始めた。診断を受け、男性の息子が地域包括支援センターとやりとりして通所を決めた。通帳も息子の管理になった。

男性を知る人は「本人は体も元気でいろいろできるが、通所以外は部屋でテレビを見るだけになった。息子に『認知症になったら何もできなくなる』とのイメージがあり、父を外に出したくないのだろう」とおもんぱかる。

「身の回りのことができず、介護施設に入る」「暴言・暴力で周りに迷惑をかける」「何もできなくなる」。2019年の内閣府世論調査で、認知症になった人のイメージについて、本人の人格を否定する見方が過半数を占めた。認知症の人を地域で暮らし続けられる存在と考えた人は4割弱。2015年の調査と変わらなかった。

認知症介護を題材にしてベストセラーになった小説『恍惚の人』が出版され半世紀。この間、国は侮蔑的な意味のある「痴呆」の呼称を「認知症」に変えた。地域では認知症カフェなどの集いも増え、認知症の人が自らの言葉で語るようになった。それでも『恍惚の人』で取り上げられたような重度の症状だけをイメージして突き放す意識は社会に根強く残る。

「認知症の人の医療選択と意思決定支援」などの著書を出す京都府立医科大の成本迅教授によると、認知症の知識の広まりや医療体制の整備によって、症状が悪化する前の受診が増えたという。早期に受診すれば自分で生活の工夫をしたり、周囲に適切な支援を呼び掛けたりすることができる。しかし、診断から介護サービスを利用するまでの期間が長い人が多く、将来への不安や仕事や周囲との関係についての悩みを抱え続け、孤立する状況が深刻になっているという。

「本人や家族が認知症を周囲に気軽に相談できるような社会の雰囲気づくりが必要だ」と成本教授。ただ、本人も「自分は社会で拒絶されるのではないか」との恐れが消えず、踏み出せないのが今の社会の現状だ。

世論調査は「もし自分が認知症になったときにどのようなことを不安に思うか」も尋ねている（複

認知症へのイメージ

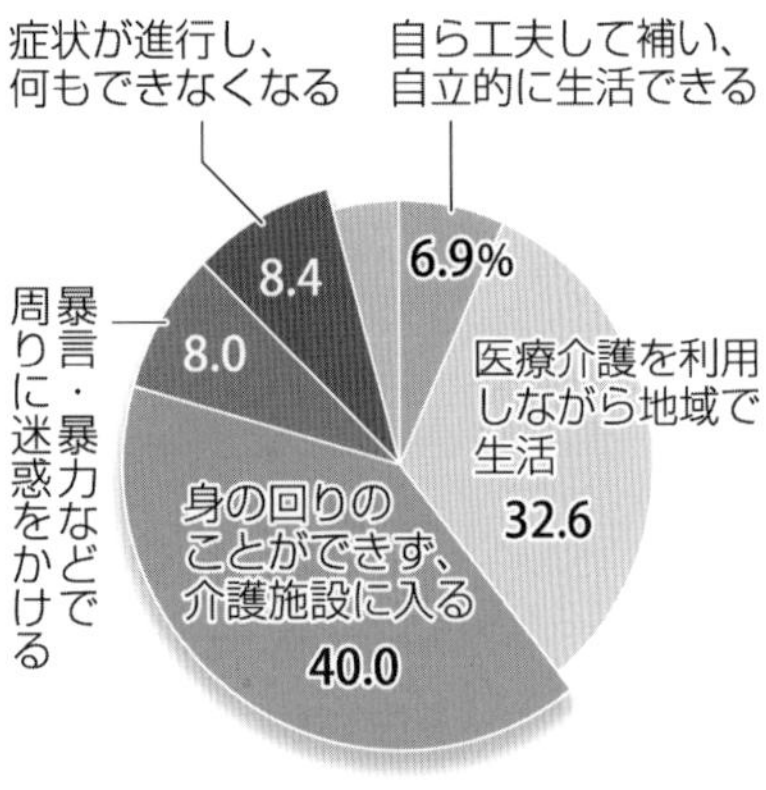

（2019年内閣府世論調査より）

数回答あり）。「家族に負担をかける」が73・5％に上り、「周りに迷惑をかける」が61・9％と続いた。

「拒絶」「隔離」から「ともに生きる」に変えていくために、私たちは何をしたらいいのか。

手掛かりになりそうな調査結果がある。認知症サポーター養成講座の開催数が多い自治体ほど高齢者が「地域で大切にされている」と感じていることが厚生労働省科学研究費補助金による研究で分かった。２０１６年度、全国39市町村の在宅高齢者に「地域から大切にされ、地域の一員となっていると感じるか」を聞き、自治体の講座開催数やサポーター数と照らし合わせた。

認知症だけにとどまらず、結果として全ての高齢者への理解や支えが広がったことが背景にありそうだ。

誰もが安心して暮らせる社会は、それぞれが抱いている生きていく上での不安を覆い隠すのではなく、一人一人が理解して寄り添い、社会全体で受け止めて支えることで実現する。「マイナスイメージをなくそう」と呼び掛けたり、開発が進む治療薬に期待したりするだけでなく、さまざまな人が日々の行動を積み重ねていく「地域の力」が求められている。

Q認知症は「なったら終わり」なのか？
「支え、支えられる社会に」下坂厚さん

重度の症状だけにとらわれた認知症のイメージを変えようと、自らの経験や思いを語っている若年性認知症の下坂厚さん（49歳）は、皆一人一人が誰かを支え、誰かに支えられることで「ともに生きる」社会になってほしいと強く願う。

書店で認知症予防の関連書が売れている。「これを食べたら認知症にならない」など、根拠の不明確な内容が書かれた本もたくさんある。多くの人が「なりたくない」「なってはいけない」と考えているからだ。

私も2019年に若年性認知症と診断されるまで「なったら終わり」「何も分からなくなる」というイメージを持っていた。認知症になっても前向きに元気に生きている人がいるとは思ってもみなかった。

自ら死を選んだかもしれないほど絶望した時期があった。仕事も辞めた。しかし、私は介護分野の支援者らに支えられ、前を向けるようになった。勧められて介護現場で再就職でき、やがて経験を伝える講演活動や写真による認知症の世界から見た景色の発信など、発症前にはな

かった新しい挑戦もできた。

ここ数年、全国で認知症の本人が発信する機会が増えた。しかし、まだまだ重度の症状だけをイメージした認知症像が根強い。

講演などに行った先でよく「認知症らしくない」「全然、認知症には見えない」と言われる。重度になって寝たきりという姿を想像していたのだろう。診断後に絶望を感じながらも必死な思いで前を向き、いろいろ工夫も苦労もした。その経過を分かってもらえず、自分のことをできる人は認知症ではないと思われる。よかれと思って言ってくれるのだろうが、私は傷つく。

「認知症イコールかわいそうな人」という上からの目線も感じる。そんな目線でいれば、自分や家族がなった場合、周囲に知られたくないと考えてしまいがちになる。公表することで家族や支援者ら周囲の理解を得られ、自分の選択肢が増えていくのだが、思い込みが可能性を狭める。

間違いや失敗を「恥ずかしいこと」と否定する風潮も感じる。「一人でできて当たり前」「助けを求めることが恥ずかしい」と。

認知症になったら失敗は増える。もの忘れしたり、道に迷ったり、迷惑を掛けてしまう恐怖が先に立ち、外に出られない。家族も、家人の認知症を知られたくないと考え、職場で助けを求められず退職してしまう。

私も認知症になるまでは「働ける人間がえらい」「稼いでよりよい暮らしを目指す社会であるべき」という価値観だったが、そうではないと気付いた。私は本当にたまたま人の縁に恵まれて前を向けた。認知症関連の活動でも多くの人とつながった。人と人が支え合う、つながり合うことが生きていく上で最も大切なことと思えるようになった。私は認知症になったからこそ、より自分らしくなった。

支えてもらっているし、自分もどこかで誰かを支えている。みんながそう思える社会になればと願っている。

(中略)
やさしく迎えてもらうたびに
胸が熱くなる
この世界には
こんな私でも
待っていてくれるひとたちが　いるのかと
明日が怖くないのは
そんな約束の地が
あるからなんだ

＊下坂さんが2022年にフェイスブックに投稿した文と写真

エピローグ

「700万人時代　認知症とともに生きる」の連載企画について文化部の鈴木雅人記者、写真部の松村和彦記者から打診があったのは2019年の暮れでした。翌2020年は、認知症の人と家族の会（呆け老人をかかえる家族の会）の設立40周年、介護保険制度20年という節目。「世界アルツハイマーデー」（9月21日）をゴールに見据え、3月、6月、9月に計3部を掲載する計画で、私がデスク（出稿責任者）となり、取材に入ってもらいました。

第1部で本人たちの言葉、第2部で家族や地域で支える人たちの思い、最後の第3部で社会の課題をまとめるという、視界を広げながら展開する予定でしたが、いきなり『想定外』が生じました。新型コロナウイルスです。年初の国内初感染確認後、感染拡大で社会の混乱が深まり、なんとか第1部を掲載しましたが、その後は関係者への取材もままならず、以降の展開は白紙になりました。5月に認知症の本人や家族らが受けたコロナの影響をまとめた連載を掲載し、単発の特集や記事をはさみながら2023年2月の第4部まで足かけ4年の長丁場になりました。鈴木さん、松村さんに負担を強い続けましたが、結果的にさまざまな視点から記事にすることができ、書籍としてまとめることができるボリュームになりました。2人の奮闘に感謝します。

企画を通じてこだわっていたことがあります。「当事者」という用語を使わないことです。「認知症とともに生きる」は、認知症の人と家族の会などが使う言葉で、「ともに」という言葉には、認知症を受け入れて生きる、認知症の人と手をたずさえて生きるという、前向きな意識が反映しています。ならば、報道機関として「ともに」とはどういうことでしょうか。私たちは報道するときに客観的に問題を捉えて公平に報道することを心掛けていますが、「当事者」という使いがちな用語には、自分たちと違う場所にいる人を取材するという、傲慢な意識が内在しているのではないでしょうか。私たちも同じ時代に同じ社会に生きる人間です。読者と一緒に自分たちは何ものなのかを問う企画として、当事者という言葉を避けました。

また、認知症の予防や治療などについて、あえて取材対象から外しました。認知症の予防や治療について読者の関心が高いことは承知しています。ただ、その関心は「自分は、ああはなりたくない」という偏見から来てはいないでしょうか。「いつか認知症になるかもしれないから他人事ではない」でもありません。「ともに生きる」とはどういうことなのかを模索しながら企画を続けました。

新聞連載の第1部のタイトルは「病ではない」です。認知症は人が抱える症状であって、病ではありません。それは誰もが理解していることですが、抽象論ではなく、人として前向きに生きようとする本人たちの声を紹介することで、「かかったら人生は終わり」ではないことを伝えようと考えました。本人と家族の抱える負担は深刻です。前向きな言葉を強調することで、読者から「きれいごとだ」との批判が数多く来るのではないかと心配もしていました。しかし、それは杞憂でした。本人たちの言葉の重みと強さ、そして読者の共感力を感じました。

禍が転じたことは、まだあります。松村さんによる写真グラフの展開です。見開き紙面を積極的に使いたいという提案にデスクとして難色を示し、妥協的な紙面構成で我慢してもらうこともありました。ただ、コロナによって全社的に取材が難航し、紙面建てを見直したことで、逆に紙面の自由度が上がり、写真グラフを効果的に使うことができました。連載の会議では「どの段階かで、本人や家族が抱えるしんどさもしっかり書かないといけないよね」と話し合っていましたが、写真グラフで本人たちの視点を提示するという、新たな切り口で提供することもできました。

最後になりますが、書籍化の機会をいただいた、かもがわ出版の樋口修さん、ありがとうございました。文化部、写真部で連載を支えていただいた三田真史さん、松田規久子さん、奥村清人さん、坂本佳文さんをはじめ、京都新聞編集局の同僚の皆さんに感謝いたします。そして、取材にご協力いただいたみなさん、この本を手に取られた全てのみなさんに御礼を申し上げます。

２０２３年５月

京都新聞文化部編集委員　稲庭 篤

〈認知症疾患医療センター〉

認知症の速やかな鑑別診断や急性期医療、専門医療相談、関係機関との連携、研修会の開催などの役割を担う。本人や家族に対して、今後の生活に関する不安が軽減されるよう行う「診断後等支援」も実施している。

実施主体は都道府県・指定都市(病院または診療所を指定)で、設置数は2022年10月現在、全国に499カ所。詳しくは厚生労働省ホームページの「認知症に関する相談先」から「認知症疾患医療センターのページ」に入り、「認知症疾患医療センターの整備状況について」で検索できる。

〈認知症学会専門医〉

日本認知症学会が、認知症医療を向上させて認知症の介護・ケアの向上を図るため、認知症医療に関する一定以上の知識と経験、技量を有する医師を「専門医」および「認定臨床医」に認定している。日本認知症学会のホームページから、各都道府県の認知症専門医を検索できる。

〈日本老年精神医学会専門医〉

日本老年精神医学会も、わが国における高齢者医療の向上および保健・福祉への貢献を目的として、老年精神医学についての優れた学識、高度な技能、倫理観を備えた臨床医を認知症などの「専門医」に認定している。日本老年精神医学会のホームページから、全国各地の専門医を検索できる。

〈認知症カフェ〉

「認知症カフェ」は、認知症の人とその家族が地域の人や介護・福祉などの専門家と相互に情報を共有し、お互いを理解し合う場として、専門職やボランティアなど様々な人が運営している。国の認知症施策の一環で2012年から推進され、全国各地に約6000カ所ある。概ね月に1回開催、参加費100〜200円程度が多い。

「認知症カフェ」「オレンジカフェ」など様々な名前で運営されており、詳細は居住地の自治体の高齢者福祉担当課、地域包括支援センターなどに問い合わせる。

◉認知症に関する主な相談先

（厚生労働省など関連ホームページより抜粋＝2023年5月現在）

〈地域包括支援センター〉

保健医療・介護に関する相談を行うほか、相談内容に応じて、認知症に詳しい認知症疾患医療センターや認知症初期集中支援チームなどの関係機関とも連携し、適切な保健福祉サービスや制度の利用につながるよう様々な支援を行っている。全ての市町村に設置されている。

市町村ごとに名称が異なるため、詳しくは厚生労働省ホームページの「認知症に関する相談先」内にある「全国の地域包括支援センターの一覧」で検索するか、居住地の市町村高齢者福祉担当課などに問い合わせる。

〈電話相談〉

公益社団法人「認知症の人と家族の会」（本部・京都市）が認知症に関する電話相談を行っている。

電話番号は0120－294－456（フリーダイヤル）。

携帯電話・PHSの場合は050-5358-6578（通話有料）。

受付時間は午前10時～午後3時（月～金／祝日除く）。

このほか、全国47カ所の支部でも電話相談を受け付けている。支部の詳しい情報は「認知症の人と家族の会」ホームページに掲載されている。

社会福祉法人仁至会「認知症介護研究・研修大府センター」（愛知県大府市）には「若年性認知症専用コールセンター」があり、65歳未満の認知症の人や家族の相談に応じている。

電話番号は0800-100-2707（フリーダイヤル）。受付時間は午前10時～午後3時（月～土、水曜日は午後7時まで／年末年始、祝日除く）。

〈医療機関「もの忘れ外来」〉

全国各地の医療機関に「もの忘れ外来」「認知症外来」などがある。「認知症の人と家族の会」が、独自に各ホームページなどで調べた全国の「もの忘れ外来」「認知症外来」の一覧をホームページに掲載している。

＊「家族の会」が推奨している病院ということではなく情報提供の一環として掲載。

収録したPhoto Storyの多くは、KYOTOGRAPHIE 京都国際写真祭2023メインプログラム「心の糸」展に合わせて制作しました。
キュレーターの後藤由美さん、セノグラファーの小西啓睦さん、プロジェクトマネージャーの李逸群さんら、ともに制作してくださった皆さんと、共同ディレクターのルシール・レイボーズさん、仲西祐介さんに心より感謝申し上げます。

松村 和彦

鈴木 雅人（すずき・まさと）
1974年生まれ。2000年、京都新聞社に入社。滋賀本社、東京支社などを経て、 2018年4月から文化部。現在は報道部で大学などを担当。2022年3月、松村記者らと本書の連載で「第29回坂田記念ジャーナリズム賞」を受賞。

松村 和彦（まつむら・かずひこ）
1980年生まれ。2003年、記者として京都新聞社に入社。2005年写真記者となる。大切にしているテーマは「人生」「社会保障」「ケア」。認知症についての写真展「心の糸」を京都国際写真祭 KYOTOGRAPHIE2023で展示した。

認知症700万人時代 —— ともに生きる社会へ

2023年7月15日　　初版　第1刷発行

著　者　鈴木雅人　松村和彦
発行者　竹村正治
発行所　株式会社かもがわ出版
〒602-8119　京都市上京区堀川通出水西入
TEL 075-432-2868　FAX 075-432-2869
印刷所　シナノ書籍印刷株式会社

ISBN 978-4-7803-1279-9　C0036